AF314336

LES CHEVALIERS DE MALTE,

OU

LES FRANÇAIS A ALGER ;

MÉLODRAME EN TROIS ACTES ET EN PROSE.

Par J.-A.-M. MONPERLIER ;

Musique de J. J. DREUILH.

Mis en scène par M. VICHERAT.

Représenté pour la première fois sur le Théâtre des Célestins à Lyon, en Février 1813.

Sous la direction de M. LAINÉ.

A LYON,

Chez MAUCHERAT-LONGPRÉ , Libraire , Editeur de Pièces de théâtre , place des Célestins.

1813.

PERSONNAGES.

IBRAHIM , Roi d'Alger.   M. VICHERAT.

ADRIEN DE VIGNACOURT , Grand Maître de
    l'ordre de Malte.   M. GUÉRIN.

EDOUARD D'ORVILÉ , son neveu , sous le nom
    d'ALMANZOR.   M. LANCELIN.

ALMAÏDE , sœur d'Ibrahim , et épouse d'Edouard.
                            Mme LECORDIER.

FÉLICIE , jeune orpheline , sous le nom et les habits
    d'ISIDORE , Chevalier français.   Mme CAMUS.

OSMIN , Aga des Janissaires.   M. PARENT.

ALI , vieil eunuque , concierge du sérail.   M. ÉMILE.

ALBERT , vieux domestique du grand Maître.
                            M. BEUZEVILLE.

Un jeune ENFANT , fils d'Edouard et
    d'Almaïde ,

Chevaliers de Malte ,   personnages

Esclaves noirs ,   muets.

Pages du sérail ,

La Scène est à Alger ; l'action se passe au milieu du dix-septième siècle , sous le règne de Louis XIV.

LES CHEVALIERS DE MALTE,

OU

LES FRANÇAIS A ALGER.

ACTE PREMIER.

(Le Théâtre représente une salle du Palais d'Ibrahim ; à gauche du Spectateur, un trône éclatant et préparé pour le conseil ; il est orné de trophées d'armes et de guirlandes de fleurs.)

SCÈNE PREMIÈRE.

IBRAHIM, ALMANZOR, OSMIN, ALI, Janissaires, Esclaves noirs, Pages.

IBRAHIM. *Il entre précédé de tout le monde.*

Qu'on se transporte à l'instant près du vaisseau qui a conduit sur nos bords ces illustres Chevaliers ; qu'on les salue en mon nom, et qu'ils soient traités avec tous les honneurs, tous les égards qu'on aurait pour moi-même ; je veux que les lois sévères qu'on observe au sérail soient abolies pour ces nobles étrangers. Ils auront la liberté de pénétrer par-tout : telle est ma volonté. Ali, c'est toi que je charge de veiller à l'exécution de mes ordres. Allez, obéissez à votre maître.

(Ali, suivi de la suite d'Ibrahim, sort en s'inclinant. Deux Janissaires restent en sentinelles à la porte.

SCÈNE II.

IBRAHIM, ALMANZOR, OSMIN.

IBRAHIM.

Brave Osmin, et toi, mon cher Almanzor, partagez la joie d'Ibrahim. Le jour est venu, où l'union la plus auguste va cimenter une éternelle paix entre Alger et l'île de Malte ; vous le savez, vingt fois ces redoutables Chevaliers ont ébranlé mon Trône et menacé d'envahir mes États. Armés pour leur Patrie et leur Dieu, ils ont porté sur ce rivage la gloire de leurs conquêtes ; tour-à-tour vainqueurs ou vaincus, ils nous ont dicté des lois, ou ont éprouvé ce que peut la vaillance de ces fiers Africains, dont le voisinage leur fut si long-temps funeste! Enfin , cette lutte continuelle va se terminer : une alliance sacrée va réunir deux Puissances faites pour s'estimer. Les Maltais, affaiblis par leurs victoires, ont senti la nécessité d'assurer le repos de leur île, et de se délivrer d'un ennemi tel que moi : désormais leurs vaisseaux et les miens pourront parcourir en sûreté le vaste sein des mers , et se prêter un mutuel secours ; j'accepte avec plaisir les propositions du grand Maître ; je verrai avec satisfaction dans ma cour ces Chevaliers dont j'honore le courage et les vertus. Ils me sont d'autant plus chers , Almanzor, qu'ils furent tes frères d'armes , et que je leur dois le bonheur de posséder un ami digne de toute la tendresse que j'ai pour lui.

ALMANZOR.

Ibrahim , pourquoi rappeler à ma pensée ce triste souvenir ? Hélas ! faut-il te l'avouer ? l'arrivée des Chevaliers de Malte m'inquiète et m'afflige. Depuis cinq ans fixé près de toi par les bienfaits et la plus touchante amitié , je jouissais en paix d'une tranquillité dont rien ne semblait devoir altérer le cours , et voilà que la présence de ces guerriers magnanimes vient rallumer dans mon cœur combattu la honte d'avoir abandonné leurs drapeaux. Comment oserai-je soutenir leurs regards !

IBRAHIM.

Es-tu donc coupable d'avoir accepté les offres d'Ibrahim ? Almanzor, je n'ai point employé la force pour te retenir près de moi ; je me plais à croire que ton ame sensible et généreuse fut entraînée par la reconnaissance, lorsque tu consentis à oublier ton nom et ta patrie pour vivre dans le sein d'une cour , dont ta sagesse et tes qualités brillantes, sont le plus bel ornement. J'ai violé pour toi les lois augustes de notre saint Prophète ; j'ai élevé un Chrétien au poste glorieux dont tout semblait devoir l'éloigner ; j'ai fait plus, je t'ai donné ma sœur ; en t'accordant la main d'Almaïde, j'ai resserré les nœuds de l'amitié qui nous unit ; fidelle à ma promesse, j'ai respecté ta croyance , je t'ai laissé servir le Dieu de tes pères , et bravant les vains murmures d'une foule de courtisans jaloux de tes prospérités , j'ai comblé de distinctions et d'honneurs l'ami que mon cœur a choisi.

ALMANZOR.

Ah ! je n'oublierai jamais tout ce que tu as fait pour moi ; j'avoue avec orgueil que je te dois la vie et la félicité dont je jouis en ces lieux. J'ai tout abandonné pour obéir au sentiment qui maîtrise mon ame ; juge de ma tendresse par la grandeur de ce sacrifice.

IBRAHIM.

Je connais la noblesse de ton cœur, je sais apprécier l'inestimable trésor que je possède, un ami franc et sincère ! Rassure-toi, cher Almanzor, rappelle à ta mémoire les circonstances et le hasard qui t'ont fixé dans Alger ; sanglant, percé de coups, abandonné des tiens, tu fus laissé pour mort sur ce rivage, témoin de tes exploits ; Edouard d'Orvilé n'existe plus pour les Chevaliers de Malte ; sous le nom d'Almanzor, il appartient tout entier à Ibrahim, à celui qui fut assez heureux pour conserver ses jours ! Ta patrie est près de moi, près de ton épouse et de ton fils, les liens les plus sacrés t'enchaînent pour jamais loin des bords qui t'ont vu naître. Adieu, je vais moi-même à la rencontre des ambassadeurs de Malte. C'est ici que je veux les recevoir, et te nommer devant eux le plus ferme appui d'un Prince qui peut-être s'est acquis quelque gloire en suivant tes sages conseils. (*Il sort suivi de deux Janissaires.*)

SCÈNE III.

ALMANZOR, OSMIN.

ALMANZOR.

Ah ! je puis m'abandonner maintenant à tout l'excès de ma douleur ! Osmin, est-il une situation plus affreuse que la mienne ?

OSMIN.

Je me mets à votre place, Seigneur, et je contemple d'un œil effrayé les événemens qui se préparent pour vous. S'il faut malheureusement que vous soyez découvert par les Chevaliers, qu'ils apprennent quelle est votre destinée, ils ne manqueront pas sans doute de crier au scandale, à l'impiété, et de condamner en vous ce qui n'est que l'effet d'un concours de circonstances auxquelles il vous était impossible de résister sans vous couvrir de honte, et sans passer pour un ingrat.

ALMANZOR.

Oui, mon seul crime est d'avoir cédé aux plus doux sentimens de la nature et de la reconnaissance !

OSMIN.

C'est sur-tout la colère d'Ibrahim que je redoute ; né grand et généreux, mais superbe, violent et d'un caractère invariable dans ses résolutions, il n'entendra pas avec indifférence la voix accusatrice de vos anciens frères d'armes, vous accabler de reproches, vous taxer d'infâmie et de lâcheté.

ALMANZOR.

De lâcheté ! moi ? Osmin, ils ne l'oseront pas. Vingt fois j'ai versé mon sang pour ma patrie et mon auguste religion ; les Chevaliers m'ont vu combattre et vaincre à leurs côtés.

(6)

OSMIN.

Je les connais ; vous serez coupable à leurs yeux.

ALMANZOR.

Dis plutôt malheureux !.. Ah ! je suis plus à plaindre que
criminel ! Si tu savais tout ce que j'ai perdu !.. Hélas ! je
ne suis plus digne de porter un nom dont je devais augmenter la gloire et dont j'ai terni l'éclat ; moi, Edouard
d'Orvilé, élevé dans le sein d'un ordre respectable, neveu
du grand Maître, dont j'étais l'orgueil et l'espérance, caché
dans un coin de l'Afrique, sous un nom, sous des habits
étrangers !.. Ah ! je suis un malheureux indigne de pitié ;
j'ai plongé le poignard dans le sein de mon second père ;
j'ai renoncé aux destinées brillantes qui m'étaient promises,
à un hymen qui devait assurer le bonheur de mon oncle, et
perpétuer la gloire d'une famille illustre qui rougirait de
m'avoir donné le jour.

OSMIN.

L'amour ne vous avait donc point encore engagé à celle
qu'on vous destinait ?

ALMANZOR.

Elevée en France dès sa plus tendre jeunesse, Félicie de
Richemont m'était inconnue. Orpheline, et dernier rejeton
d'une famille chère aux Français, mon oncle lui tenait lieu
de père et l'aimait comme sa propre fille ; il attendait pour
m'unir à elle que je l'eusse méritée par mon courage en
combattant sous les étendards sacrés de la foi ; le bruit de
sa beauté, de ses grâces, de ses vertus, était parvenu jusqu'à moi et je bénissais mon auguste parent d'avoir fait
choix pour son fils adoptif d'une personne aussi accomplie,
et que j'adorais déjà sans la connaître. Admis parmi les
Chevaliers de Malte, je cherchais, en suivant leurs traces, à fixer sur moi les regards de mes contemporains. Ces
braves guerriers avaient daigné me recevoir au milieu d'eux,
me faire partager leurs périls et leur gloire, jusqu'au moment où des nœuds indissolubles devaient m'enchaîner pour
jamais à la belle Félicie. Depuis la fatale expédition qui me
conduisit sur ces bords, tu sais par quels chemins je suis
parvenu jusqu'au pied du trône d'Ibrahim ! Almaïde s'offrit
à mes regards enchantés, belle de ses charmes et de son
innocence ; elle effaça de mon cœur l'image de Félicie ; je
l'obtins, je crus devenir le plus heureux des hommes, et
je n'ai fait qu'augmenter le poids insupportable d'une existence que j'ai vouée à une honte éternelle.

OSMIN.

La faute est irréparable. Époux d'Almaïde, je plains sin-
cérement les peines de votre cœur ; je conçois toute l'éten-

due de vos torts envers votre Patrie et ceux qui vous ont donné le jour. Jamais pareil exemple ne s'est offert aux yeux de l'Afrique étonnée ; un chrétien, un ennemi de notre loi, naturalisé parmi les enfans de Mahomet ! Ibrahim seul était capable de pousser à ce point le délire d'une amitié qui vous devient funeste, alors qu'elle vous ravit le bonheur et le repos.

ALMANZOR.

Ah ! cher Osmin, soumis à la fatalité qui me poursuit, ignoré du reste des humains, j'espérais finir mon sort dans cette contrée, et en dérober la connaissance à tous ceux que j'ai si lâchement trahis ; vain espoir ! le Ciel pour me punir, amène en ces lieux ces Chevaliers qui vont devenir mes accusateurs et mes juges. Par quel prodige échapperai-je au coup qui me menace ? rien ne peut me soustraire à la pénétration des chrétiens ; une renommée, que j'abhorre, leur apprendra bientôt quel monstre ils ont nourri dans leur sein ! A cette affreuse nouvelle, mon oncle, j'en suis sûr, expirera de regrets en maudissant l'ingrat qui le déshonore !

OSMIN.

Calmez ce désespoir, Seigneur ; fiez-vous à la prudence d'Osmin pour éloigner s'il se peut la perspective effrayante qui frappe vos regards. Votre véritable nom est peu connu dans Alger ; le peuple, qui vous admire et vous chérit, ignore toutes les particularités qui vous ont forcé pour ainsi dire à vivre parmi nous. Aga des Janissaires, mon devoir m'oblige à veiller près des Chevaliers ; j'aurai le soin de m'opposer aux progrès de leur indiscrète curiosité, et d'écarter tous les soupçons qu'ils pourraient avoir sur vous.

ALMANZOR.

Osmin, que ne te devrai-je pas !.. Mais c'est Ibrahim que je redoute ; pourra-t-il se taire ? un secret orgueil peut le porter à dévoiler le mystère dont je voudrais m'envelopper.

OSMIN.

Usez de tout le pouvoir que vous avez sur les sentimens de votre ami pour l'engager au silence. Dites-lui qu'il vous perd, s'il ne consent à ce que la prudence semble exiger de lui... Mais, que nous veut Ali ?

SCÈNE IV.

ALMANZOR, OSMIN, ALI.

ALI.

Vous instruire d'un événement auquel personne n'a eu lieu de s'attendre ; les Chevaliers sont descendus de leur vaisseau ; tout le monde, le Roi lui-même avait cru que de simples Officiers seraient chargés de l'ambassade ; jugez de sa surprise, de la nôtre, lorsque nous avons vu le grand Maître de Malte!

ALMANZOR.

Le grand Maître ?

ALI.

Adrien de Vignacourt lui-même.]

OSMIN.

Serait-il vrai ?

ALMANZOR.

Mon oncle ! .. Je reste anéanti ! ..

ALI.

Le Roi l'a reçu avec des transports de joie, et l'a remercié hautement de l'honneur qu'il voulait bien lui faire. Ils s'avancent tous deux au milieu des Chevaliers et d'une foule immense qu'attire le désir de contempler de près ces guerriers chrétiens et leur auguste chef.

ALMANZOR.

Où fuir ? où me cacher ? .. Ah ! mes amis ne m'abandonnez pas... que faut-il que je fasse ? ce dernier coup manquait à mon infortune !

OSMIN.

Évitez la présence du grand Maître.

ALMANZOR.

Non, je veux m'exposer à l'humiliation que j'ai méritée ; je veux voir ce vieillard respectable , mouiller ses mains de mes larmes , implorer mon pardon et mourir à ses pieds de honte et de douleur ! .. (*Il sort.*)

SCÈNE V.

OSMIN, ALI.

OSMIN.

Ah ! ma vengeance va donc commencer ! Almanzor est perdu !

ALI.

D'où te vient cette assurance ?

OSMIN.

Fidèle Ali, toi qui gémis avec les vrais croyans, de l'avilissement dans lequel Ibrahim nous a plongés ; toi qui partages la haine que m'inspire ce vil étranger, apprends que le hasard nous seconde et vole au-devant de nos vœux les plus chers ; ce chef des Chevaliers, cet Adrien de Vignacourt, parent d'Almanzor, va devenir l'instrument dont je vais me servir pour anéantir mon odieux rival !

ALI.

Le Prophète bénira tes desseins ; oui, unissons-nous , pour

perdre

perdre ce chrétien, qui s'est emparé de toute la confiance de
notre maître, dispose d'Ali, il fera tout pour te servir.

OSMIN.

Jamais plus belle occasion ne s'est offerte. Je me charge
d'apprendre au grand Maître quel est le sort de son neveu, et
de le livrer à tous les effets de sa juste indignation Tu connais
Ibrahim, la possession d'Almanzor importe à son bonheur,
il lui arrachera la vie, plutôt que de le voir enlever de sa
cour. Unique dépositaire de leurs secrets, depuis long-tems,
pour mieux assurer l'exécution de mes vastes projets, je dissimule avec adresse la rage qui dévore mon cœur; j'attends
en silence le moment de frapper mes ennemis et ceux de ma
patrie il parait enfin ce jour de la vengeance; Osmin re-
prend toute son énergie, il va devenir le sauveur d'une na-
tion que son Roi ose couvrir d'infâmie !

ALI.

Oui, brave Osmin, acquiers des droits éternels à la reconnaissance des Algériens. Il ne leur manque qu'un chef
assez audacieux pour les guider dans cette grande entreprise.

OSMIN.

Ce chef sera moi; la place que j'occupe, le pouvoir que
j'exerce sur les Janissaires, tout m'appelle à me mettre à la
tête des braves indignés de la lâche conduite d'Ibrahim; le
parti que j'ai su me ménager grossit chaque jour, et n'attend
pour agir que ma volonté, qui doit diriger ses coups.

ALI.

L'arrivée des Chevaliers, la paix qu'ils viennent nous ap-
porter en ces lieux, a excité de nouveau les plaintes des
Algériens On voit avec peine un ennemi que nous avons vaincu
plusieurs fois, venir nous dicter des conditions jusque dans
notre pays. Pour moi j'en suis furieux! O Mahomet! quelle
doit être ta juste colère !

OSMIN.

C'est lui qui guidera mon bras! Ali, demain peut-être
tu verras Osmin sur le trône d'Alger !..

ALI.

Tu attenterais aux jours d'Ibrahim !

OSMIN.

Il le faut; je le dois.

ALI.

Si tu le peux, je t'en féliciterai.

OSMIN.

Les outrages que j'ai reçus sont trop profondément gravés
dans ma mémoire, pour n'en pas exiger une réparation aussi
éclatante que celle que j'ambitionne; je régnerai, ou un
trépas glorieux effacera ma honte et mes revers !

B

ALI.

Il est vrai que tu as à te plaindre d'Ibrahim.

OSMIN.

Tu fus témoin de la manière dont il récompensa mes longs services ; ma naissance, mes richesses, mon courage, tout semblait m'appeler aux postes les plus éminens , et fixer sur moi les regards d'un souverain pour lequel j'ai vingt fois exposé ma vie ! Qu'en ai-je obtenu ? le stérile honneur de commander ses gardes , tandis qu'un chrétien usurpe une place qui m'était due, qu'il épouse une femme aux pieds de laquelle j'aurais osé porter mes vœux et mon amour !

ALI.

Almaïde, je le sais, fut chère à ton cœur ; son hymen avec Almanzor est un attentat de plus qu'Ibrahim peut se reprocher.

OSMIN.

Te l'avouerai-je ? nourri au milieu des camps , endurci par les horreurs de la guerre, jamais les attraits d'une femme n'avaient balancé dans mon cœur la noble ambition qui l'anime ; Almaïde seule a triomphé de ma fierté sauvage ; la première fois qu'elle s'est offerte à mes yeux, j'ai senti que sa possession pouvait seule assurer ma félicité, en même tems qu'elle m'ouvrirait le chemin des grandeurs où j'aspire. Plein de confiance et d'audace , je m'étais flatté d'obtenir l'objet de mes vœux, et de devenir l'heureux époux de la sœur de mon maître, lorsque ce vil chrétien est venu me ravir un prix que j'avais droit d'attendre... Qu'ils tremblent tous ! Osmin n'a point oublié de semblables outrages , il ne respire que pour en tirer vengeance !.. Elle sera terrible, je veux qu'Almaïde inonde de ses larmes le corps sanglant de son époux, et celui de son perfide frère ; je veux les voir implorer ma clémence, jouir de leur désespoir, et apprendre à l'univers que si cette ame brûlante a pu supporter l'offense, elle a eu le courage de la punir ! Ali, ton zèle et ta prudence me sont connus ; deviens le dépositaire intime de mes desseins ; et si le succès, (comme j'ai lieu de croire), couronne cette grande entreprise, tu jugeras par mes nombreux bienfaits, si je sais récompenser ceux qui s'attachent à ma destinée.

ALI.

Que tu me fasses seulement Cadi, et je suis content ; on s'engraisse toujours assez avec la justice. Mais, silence ! voici Almanzor...

SCÈNE VI.

ALMANZOR, *pâle et effrayé*, **OSMIN, ALI.**

ALMANZOR, *tombant dans un fauteuil.*
O vengeance céleste ! je reconnais tes coups !...

OSMIN.
Qu'avez-vous , Seigneur ! d'où peut naître ce trouble !...

ALI.
Auriez-vous été reconnu par le grand Maître ?

ALMANZOR.
Non... Je me suis avancé en tremblant au milieu du peuple qui l'entourait ; mes yeux égarés se sont fixés sur lui... O terreur ! j'ai cru voir dans cet auguste vieillard un Dieu prêt à m'écraser de sa foudre ! j'ai voulu parler , ma langue glacée n'a pu articuler un seul mot ; mes genoux ont tremblé , une sueur froide a coulé sur mon corps... Tout mon sang s'est retiré vers mon cœur !... J'ai fui ; je me suis dérobé à cette horrible situation... Suis-je assez infortuné !..

OSMIN.
Que votre ame alarmée rappelle toute sa fermeté ; venez, Seigneur, quittez ces lieux ; je vais vous conduire dans votre appartement ; vous avez besoin de repos...

ALMANZOR.
De repos ! il n'en est plus pour moi... Osmin , tu vois mon désespoir , sauve-moi de ma propre fureur !

OSMIN.
Abandonnez-vous aux soins d'un ami qui partage bien sincèrement votre légitime douleur. Venez , il faut prévenir l'orage , et chercher les moyens de rendre le calme à vos sens agités.

ALMANZOR.
Cher Osmin , je n'espère plus qu'en toi. (*Il sort soutenu par Osmin.*)

SCÈNE VII.

ALI *seul.*

Voilà ce qu'on peut appeler se jeter à la gueule du loup... Il faut que je rende hommage aux talens d'Osmin ; il dissimule à ravir. Ah ça, je puis bien me permettre un petit mouvement d'orgueil, moi,, pauvre concierge du sérail , l'un des chefs d'une entreprise superbe ! Oui, perdons ces chrétiens que je déteste , et devenons Cadi , si cela se peut , pour avoir le plaisir d'avoir un concierge dans mon palais , et me venger de l'avoir été si long-tems... Que veulent ces étrangers !...

SCÈNE VIII.

FÉLICIE, sous le nom d'ISIDORE, ALBERT,
ALI.

(Ils entrent en regardant de tous côtés.)

ALI, *brusquement.*

Que demandez-vous ?

ISIDORE.

Rien.

ALI.

Que venez-vous donc chercher ici ?

ISIDORE.

Que t'importe ?

ALI.

Savez-vous qui je suis ?

ISIDORE.

Oui, un personnage ridicule et insolent.

ALI.

Par Mahomet ! je crois que vous m'insultez !

ISIDORE.

Voyez le grand malheur !

ALI.

Un concierge du sérail !

ISIDORE.

Quand un concierge du sérail est ennuyeux on le congé-
die : va-t en, tu es fait pour obéir.

ALI.

J'étouffe de rage !... Ah ! vous le prenez sur ce ton là,
je vois bien que vous êtes Français.

ISIDORE.

Et je m'en fais gloire. Allons, monsieur le concierge, dé-
livrez-nous de votre présence : Ibrahim nous a donné la liberté de parcourir tout son palais, sans qu'une figure comme
la vôtre se permette de le trouver mauvais, entendez-vous ?

ALI.

C'est différent... (*à part.*) Patience, patience, tout cela
finira : des Français dans un sérail ! ô Mahomet ! ô Mahomet ! (*il sort.*)

SCÈNE IX.

ISIDORE, ALBERT.

ALBERT.

Il s'en va furieux.

ISIDORE.

Il faut apprendre la politesse à ces Turcs là... Enfin je suis au

comble de mes désirs ; par un hasard que je n'osais espérer ;
je puis à mon aise parcourir un sérail, et vérifier les bruits
vrais ou faux qu'ont fait naître ces sortes d'asiles : comme je
vais donner carrière à mon intarissable curiosité !

ALBERT.

En vérité, Mademoiselle, tout ceci me semble un songe...

ISIDORE.

Encore Mademoiselle ?... Albert, il faut donc que je me fâ-
che sérieusement ?

ALBERT.

Ce n'est pas là mon intention.

ISIDORE.

N'ai-je donc pas l'air d'un jeune Chevalier ?

ALBERT.

A-peu-près.

ISIDORE.

Trouves-tu dans ma personne quelque chose qui désigne
mon sexe ?

ALBERT.

Seulement votre figure.

ISIDORE.

Ma figure a tort.

ALBERT.

Ce n'est pas sa faute.

ISIDORE.

Je veux que tu m'appelles monsieur Isidore.

ALBERT.

Mademoiselle, c'est entendu... A! pardon! c'est qu'il est
si nouveau pour moi de voir une jeune et jolie personne
sousde pareils habits, que je ne pourrai jamais m'habituer...

ISIDORE.

Il le faut, je l'exige. Songe aux recommandations du grand
Maître ; tout serait perdu, si par ton indiscrétion je venais
à être reconnue.

ALBERT.

Ma foi, Monsieur Isidore, puisque vous le voulez, je suis
encore tout émerveillé de la complaisance du grand Maître
à votre égard ; comment a-t-il pu vous permettre de l'accompagner à Alger à la faveur de ce deguisement !

ISIDORE.

Une ressemblance frappante que j'ai avec mon frère,
jeune officier au service de France, a favorisé mon bisarre
projet ; le grand Maître, digne appui de ma jeunesse, a pour
moi toute la tendresse d'un père ; j'occupe quelquefois ses
loisirs par mes petits caprices et mes innocentes folies, et il
finit toujours par m'accorder tout ce que je désire.

ALBERT.

Je connais tout l'empire que vous avez sur lui.

ISIDORE.

Je n'en abuse jamais.

ALBERT.

Quelquefois.

ISIDORE.

Peux-tu dire cela ? par exemple, je mourais d'envie de voyager sur mer, de voir d'autres contrées, d'observer les mœurs et les coutumes des Africains ; une occasion favorable se présente, je la saisis avec transport, et comme une femme ne peut décemment se trouver avec de braves Chevaliers de Malte, j'arrange tout cela : sous l'uniforme et le nom de mon frère, j'éloigne jusqu'aux moindres soupçons, et je triomphe de tous les obstacles.

ALBERT.

Singulière manière de voyager, pour une femme !

ISIDORE.

Que veux-tu, mon pauvre Albert ? Félicie de Richemont est née pour les aventures extraordinaires ; orpheline dès mon enfance, héritière d'un grand nom, je passe sous la tutelle du respectable Adrien de Vignacourt; mon bonheur est l'unique objet de sa sollicitude; il me destine son neveu Edouard, jeune Chevalier plein de mérite ; j'allais devenir la plus heureuse des femmes, lorsque mon futur époux se fait tuer en combattant les infidèles : admire la fatalité qui me poursuit ; il faut qu'un Chevalier Français périsse avec gloire sur des bords lointains, et c'est justement celui qui devait serrer avec moi les doux nœuds de l'hyménée.

ALBERT.

Le grand Maître ne se consolera jamais de la mort de son neveu.

ISIDORE.

C'est un grand malheur, sans doute; je ne connaissais point Edouard d'Orvilé, mais d'après le portrait qu'on m'en a fait maintes fois, j'ai quelque sujet de regretter sa perte, et de plaindre ce jeune héros.

ALBERT.

Vous avez bien raison; depuis cinq ans que nous l'avons perdu, il ne s'est pas passé de jour où je n'aie pensé à ce brave et digne maître ; vous ne rencontrerez jamais un époux qui mérite mieux de vous posséder.

ISIDORE.

Aussi tu vois que je n'en cherche pas.

ALBERT.

Vous en trouverez, peut-être.

ISIDORE.

Jamais.

ALBERT.

A votre âge ? ce serait une folie...

ISIDORE.

C'est la mienne ; Edouard n'est plus, je n'en épouserai jamais d'autre.

ALBERT.

Et vous deviendrez...

ISIDORE.

Ce qu'il plaira à la providence.

ALBERT.

Peut-être Chevalier de Malte ?

ISIDORE.

Tu ris ? on pourrait faire un plus mauvais choix.

ALBERT.

J'en suis persuadé.

ISIDORE.

Cet habit ne me sied-il pas à ravir ?.. Ah ! si le grand Maître voulait !.. Je ne sais si c'est un vice de mon éducation, mais je me sens peu faite pour la vie paisible et sédentaire d'une Dame de château. En France, j'étais presque toujours témoin des exercices de mon fière ; je les partageais quelquefois ; l'étude des mathématiques, de l'histoire ; les armes, l'équitation, la musique, voilà quelles étaient mes occupations les plus chères ; je m'y livrais avec passion ; les frivoles amusemens de mon sexe ne m'inspiraient que l'ennui et le dégoût. Mon cœur palpitait à l'aspect d'une épée ! enfin, j'étais à ce qu'on disait un véritable petit démon. Tout bien considéré, l'existence d'une femme attachée à ses devoirs offre si peu d'agrémens, que j'ai renoncé pour ainsi dire aux priviléges de mon sexe ; je me trouve sous cet habit, dans mon élément naturel ; je me sens toutes les dispositions nécessaires pour passer mes jours sous les étendards de la gloire et ceux de la folie. Morbleu ! que le Roi m'accorde un régiment, il verra si je saurai le conduire dans le chemin de l'honneur !

ALBERT.

Allons, les ennemis de la France n'ont qu'à se bien tenir ; voilà un redoutable champion pour eux.

ISIDORE, *sérieusement.*

Albert, songe que je suis Officier... du moins en apparance, et que tu dois me respecter comme tel.

ALBERT.

Je n'ai garde de manquer à la discipline ; en effet, cet air martial est on ne peut pas plus imposant.

ISIDORE.

Tu me railles, mais je te le pardonne en faveur de ton âge et de tes longs services.

ALBERT.

En vérité, monsieur l'Officier, vous êtes trop bon.

ISIDORE.

Silence ! voici tout le monde.

SCÈNE X.

IBRAHIM, ADRIEN, ISIDORE, OSMIN,
ALI, ALBERT, Chevaliers de Malte, suite d'Ibrahim.

IBRAHIM.

Grand Maître, et vous, illustres Chevaliers, Ibrahim était loin de s'attendre à l'honneur qu'il reçoit aujourd'hui ; votre arrivée en ces lieux sera une des plus belles époques de son règne. Grand Maître, je te remercie d'avoir traversé les mers pour me faire jouir de ton auguste présence ; tu ne pouvais me donner une marque plus éclatante de ton estime pour moi. Crois qu'il m'est précieux de la recevoir, et que j'y attache le plus grand prix. . Laisse-moi presser dans la mienne cette main valeureuse, qui combattit trente ans pour la gloire et la patrie !. .

ADRIEN, *lui donnant la main.*

Ibrahim, ta franchise et ta générosité ont pu seules engager les Chevaliers de Malte à venir t'offrir, jusque dans tes États, une paix nécessaire à deux Puissances trop long-tems rivales ; j'ai cru que ce n'était pas trop de moi-même pour débattre ces grands intérêts, et t'en faire entrevoir les communs avantages. Roi d'Alger, nous savons admirer le génie et la vertu, sous quelqu'habit qu'ils se rencontrent Ta réputation s'est étendue jusqu'à la cour de France : la félicité de ton peuple, la splendeur de ton règne, nous sont de sûrs garans de ta justice et de la noblesse de ton ame Je suis flatté que ma présence te cause quelque plaisir : je te l'avouerai, je ne m'attendais pas à trouver dans Ibrahim cette urbanité, cette politesse qui distinguent les nations de l'Europe. Il ne dépend que de toi que nous serrions les nœuds d'une éternelle amitié.

IBRAHIM.

J'accepte avec transport ! Puissé-je bientôt t'en donner des preuves. Demain j'assemblerai les principaux Officiers de mon Royaume, je leur ferai savoir quelle est ma volonté, et nous assurerons tous deux le repos de Malte et d'Alger... Osmin, que tous les Esclaves Français qui seront trouvés dans cette cité, soient libres à l'instant même, et qu'ils viennent remercier le grand Maître ; c'est lui qui brise leurs fers !

ADRIEN.

Combien ce trait généreux t'honore à nos regards !

IBRAHIM.

IBRAHIM.

Allez, que cet ordre soit exécuté sur le champ.

OSMIN.

Seigneur, vous allez être obéi. (*il sort.*)

IBRAHIM.

Pourquoi Almanzor n'est-il pas en ces lieux ! Ali, fais le prévenir que je le charge de veiller aux soins et aux égards que méritent les ambassadeurs. (*au grand Maître*) Adieu, je suis forcé de te quitter pour quelques instans ; mon devoir m'appelle au divan. Dispose de ce palais ; il me deviendra bien cher, puisqu'il va servir d'asile à des héros tels que vous. (*il sort avec sa suite.*)

SCÈNE XI.

ADRIEN, ISIDORE, ALBERT, Chevaliers.

ADRIEN.

Quel mélange de grandeur et de générosité ! cet homme n'a d'Africain que le nom. Chevaliers, je ne sais s'il a fait sur vos ames la même impression que sur la mienne ; je ne puis m'empêcher de l'estimer et de rendre hommage aux qualités qu'il ne doit probablement qu'à la nature. Et toi, mon cher Isidore, que penses-tu d'Ibrahim ?

ISIDORE.

Mais, je le trouve assez bien pour un Turc.

ADRIEN.

Toujours cette légèreté impardonnable...

ISIDORE.

Je suis Français.

ADRIEN.

Ton cœur est excellent, je le sais. Songe au moins que nous devons des égards réciproques aux Algériens, et ne me fais pas repentir de t'avoir permis de m'accompagner sur ces bords.

ISIDORE.

J'ai trop de plaisir à m'y trouver près de vous, Seigneur.

ADRIEN, *à part.*

Elle est charmante !

SCÈNE XII.

ADRIEN, ISIDORE, ALBERT, Chevaliers; un jeune Enfant, ALMAIDE ensuite.

(*Le jeune Enfant entre en courant, s'arrête un instant devant les Chevaliers, et va tendre les bras au grand Maître qui l'embrasse.*)

ISIDORE, *l'embrassant.*

Oh ! le joli petit garçon !

C

ADRIEN.

A qui appartient cet aimable enfant ?

ALBERT.

Ah ! mon cher maître , regardez donc ; il me semble reconnaître dans ses traits, la ressemblance de votre malheureux neveu...

ADRIEN.

Albert, pourquoi me rappeler ce triste souvenir ?...

ALMAÏDE, *paraissant dans le fond.*

Que vois je ? Mon fils...

ALBERT.

Plus je le regarde, et plus je suis frappé d'étonnement ; on dirait que c'est lui-même !...

ISIDORE.

Mon pauvre Albert, tu extravagues assurément.

ADRIEN, *à Isidore.*

Il a raison... Voilà les traits de mon Edouard... Il faut que je sache quelle est la mère de cet enfant...

ALMAÏDE, *approchant.*

Moi , Seigneur...

ADRIEN.

Vous, Madame ?...

ISIDORE, *à part.*

La belle personne !

ADRIEN.

Tant de grâces et de majesté m'annoncent quel est ici votre rang...

ALMAÏDE.

Je suis la sœur d'Ibrahim , et l'épouse d'Almanzor; vous voyez dans mon cher Sélim , l'unique fruit d'une union formée par l'amour et la reconnaissance.

ADRIEN.

Et quel est donc cet Almanzor , dont je n'entends prononcer le nom qu'avec respect ?

ALMAÏDE.

Le plus aimable et le plus vertueux des hommes ! Ah ! chrétien, si tu savais combien il est cher à son Almaïde, et comme il mérite de l'être ! tous les instans de ma vie sont consacrés à embellir la sienne ; chaque jour me fait découvrir en lui de nouveaux charmes , et ajoute une nouvelle force à ma tendresse. Peut-être cet éloge te paraît-il suspect en passant par la bouche de l'heureuse Almaïde ? Ah ! ce n'est pas seulement mon époux que je loue avec orgueil, c'est le digne ami de mon frère , c'est le défenseur du faible et de l'opprimé. Adoré par un peuple qui voit en lui le guide fidèle de son souverain , il emploie les beaux jours de sa jeunesse à veiller à l'éducation de son fils. Ah ! puisse-t-

il à son tour faire mon bonheur et ma gloire , en possédant
les sentimens et les qualités de son auguste père !

ADRIEN.

Combien vous augmentez par ce discours , Madame, le
désir que j'ai de connaître votre époux ; je ne doute pas
qu'il ne soit encore au-dessus des éloges que vous lui prodiguez
avec cette candeur touchante qui prête un attrait de plus
à vos accens enchanteurs.

ISIDORE.

Permettez-moi , belle Almaïde, de joindre mon hommage
à celui du grand Maître ; j'étais loin de penser que ces
bords recélassent un pareil trésor ; heureux le mortel à qui
le ciel a imposé le devoir chéri de faire votre félicité.

ALMAÏDE.

Je reconnais à ce langage que tu es Français ; peut-être
les femmes de ta patrie entendraient avec plaisir ces paroles
flatteuses ; un seul mot, un seul regard de mon Almanzor
me sont plus précieux que les vains discours enfantés par le
désir de plaire ; je suis belle pour mon époux, voilà toute
mon ambition ; je ne vis que pour l'aimer et en être aimée.

ISIDORE, *à part.*

Quelle leçon pour nos Françaises !

ADRIEN, *regardant l'enfant.*

Pardonnez à mon indiscrète curiosité , Madame ; Almanzor a sans doute quelque ressemblance avec son fils ?

ALMAÏDE.

C'est sa vivante image !

ADRIEN.

Votre époux a reçu le jour dans ces contrées ?

ALMAÏDE.

Non , il est étranger.

ADRIEN.

Etranger ! quelle est donc sa patrie ?

ALMAÏDE.

La France l'a vu naître.

ADRIEN.

La France ! il l'aurait abandonnée ! cela est impossible !

ALMAÏDE

Vieillard , ta physionomie porte l'empreinte de la franchise et de la bonté ; mais quelle peut être la cause de ces
questions multipliées ? Le sort de mon époux peut-il t'inté-
resser si vivement ?.. Ah ! pardon ! je t'afflige, tu détournes
les yeux... Aurais-tu des chagrins ?...

ADRIEN.

Ah ! Madame , si vous saviez quel souvenir douloureux
vient de se retracer à ma mémoire, vous plaindriez un oncle infortuné, qui, malgré la certitude de son malheur, em-

brasse avec transport la moindre lueur d'une trompeuse espérance !

ALMAÏDE.

Apprends-moi le sujet de tes peines ; si mon époux, si
Almaïde peuvent les adoucir, tu jugeras alors de tout l'intérêt que tu m'inspires.

ADRIEN.

Uni par les liens du sang à un jeune homme plein de
mérite et de courage, je voyais en lui l'orgueil de ma
vieillesse, et l'unique héritier d'un nom fameux dans les fas-
tes de la France ; à peine il touchait à sa vingtième année,
et déjà mille actions plus belles les unes que les autres avaient
signalé sa vaillance, et ajouté un nouveau lustre à l'éclat
de sa naissance. Fier de voir perpétuer cette famille de héros,
j'avais fait choix pour lui d'une épouse accomplie, et dont
vous voyez le jeune frère. Hélas ! le ciel m'a ravi cette douce
consolation ; conduit sur ces bords au milieu des braves
Chevaliers de Malte, entraîné par l'ardeur généreuse de cueil-
lir de nouveaux lauriers, le malheureux a trouvé la mort sur
cet affreux rivage ! le glaive algérien s'est abreuvé de ce
sang précieux, qui coula vingt fois dans les champs de l'honneur, pour sa patrie et pour son Roi ! Il n'est plus ! sa perte
prématurée me condamne à d'éternels regrets ! seul, abandonné de tout ce que je chérissais, j'acheverai ma triste carrière dans le deuil et le désespoir !

ISIDORE.

Ah ! Seigneur ! avez - vous oublié les soins et la tendresse
d'Isidore ? Croyez qu'il ne vous quittera jamais!

ALMAÏDE, *au grand Maître.*

Tu verses des larmes !. Respectable vieillard, combien
ton récit me touche !.. Tu dis que le jeune chétien que
tu regrettes a péri dans ces climats ?..

ADRIEN.

Oui, on m'apporta dans Malte l'horrible nouvelle de son
trépas, je n'étais point à cette funeste expédition. Si par
un de ces hasards qu'on ose espérer, cet infortuné avait
échappé à la mort, depuis cinq ans, j'aurais été instruit
de sa destinée ; il est perdu pour moi !

ALMAÏDE.

Cinq ans, dis-tu ! est-ce bien là l'époque de ce fatal
événement ?

ADRIEN.

Elle sera toujours présente à ma pensée !

ALMAÏDE.

Grand Dieu ! quels rapports !...

ADRIEN.

Ah ! Madame, le sort de mon neveu vous serait-il connu ?..

ALMAÏDE

Ecoute-moi ; parmi les victimes de cette guerre cruelle,
un Chevalier chrétien fut trouvé sur le rivage ; sanglant,
percé de coups, il respirait encore...

ADRIEN.

Fut-il sauvé ?

ALMAÏDE.

Oui, nos soins le rappelèrent à la vie...

ADRIEN.

De grâce, son nom..

ALMAÏDE.

Edouard d'Orvilé.

ADRIEN,

O providence ! c'est lui...

ISIDORE.

Il nous serait rendu !

ADRIEN.

Ah ! Madame, achevez, je vous en conjure ! ce jeune
chrétien où est-il ? où pourrai-je le retrouver ?

ALMAÏDE.

Tu vas le voir.

ADRIEN,

Est-il possible ?

ALMAÏDE.

Cet Edouard que tu chéris, cet Edouard, dont la présence
va sécher tes pleurs, n'est autre qu'Almanzor...

ADRIEN.

Votre Epoux !

ALMAÏDE.

Lui-même, tu vois son fils.

ADRIEN.

Je reste anéanti !

ISIDORE, *à part.*

Par exemple, je ne m'attendais pas à cela.

ADRIEN.

Edouard, sous le nom d'Almanzor, époux d'Almaïde!..
Il faut pénétrer ce mystère ; conduisez-moi près de lui ; je
veux l'entendre, lui parler....

SCÈNE XIII.

ADRIEN, ISIDORE, ALMAIDE, ALBERT,
L'ENFANT, CHEVALIERS, ALMANZOR,
*pâle et en désordre vient tomber aux pieds du grand
Maître.*

ALMANZOR.

Le voilà qui vient s'offrir à son juge, et mourir à vos
pieds !..

ADRIEN.

Edouard ! Dois-je en croire mes yeux ?

ALBERT.

C'est mon cher maître ! .

ISIDORE.

Je ne puis revenir de ma surprise !

ALMAÏDE.

Almanzor, ta place est dans ses bras...

ALMANZOR.

Ah, Seigneur ! je n'ose élever jusqu'à vous mes mains suppliantes ! . .

ADRIEN.

Fuis, misérable ; je ne te connais plus... Ne me force pas plus long-tems à rougir ! . . .

ALMANZOR.

Ah! par pitié, ne me repoussez pas de votre sein ; daignez écouter le plus malheureux des hommes...

ADRIEN.

Et que pourrais-tu me dire ? Va, indigne chrétien, ton horrible ingratitude me fait assez connaître toute l'étendue de ton crime. Le ciel qui te réservait pour faire la honte de ma vieillesse, n'a pas permis que tu trouvasses une mort glorieuse en combattant pour lui ; quelles mains barbares ont pu rendre à la vie un monstre tel que toi ? Tandis que mes pleurs honoraient ta mémoire, que la France entière répétait ton nom avec attendrissement, enséveli dans un coupable repos, tu foulais aux pieds la gloire de tes pères, tu couvrais d'opprobre et d'infâmie ce front blanchi dans les champs de l'honneur ; en proie aux plus viles passions, tu sacrifiais ta patrie et ton Dieu à la bassesse de tes sentimens ; tu formais des nœuds illégitimes que désapprouvent les lois que tu as lâchement bravées ! Achève ton détestable ouvrage, enfonce un poignard dans ce cœur que tu as trahi, je te crois capable de tous les excès ; je ne vois plus en toi que le dernier des mortels, chargé de mépris et de forfaits !

ALMAÏDE.

Viens, Almanzor, mon frère te sauvera de la fureur qui l'anime. Vieillard, de quel droit viens-tu reprocher à mon époux des crimes que ta colère lui suppose ?

ALMANZOR.

Almaïde, respecte un juge irrité de mes égaremens, tu ne sais pas combien je suis criminel ! . . Ah! Seigneur, et vous illustres Chevaliers, vous que je n'ose plus nommer mes frères, peut-être Edouard a-t-il quelques droits à votre humanité ; vous savez si j'ai rempli mon devoir, vous qui fûtes contraints de m'abandonner mourant sur ce rivage inondé de mon sang. Sans les généreux secours d'Ibrahim ; sans les soins touchans d'Almaïde , j'aurais terminé une existence dont le fardeau m'accable ! ils sont mes libérateurs, ils ont sauvé mes jours ! ah ! je serais indigne d'en jouir, si la plus vive reconnaissance n'eût été le prix de leurs bienfaits. Comblé d'honneurs, de richesses , Ibrahim voulut m'attacher à lui par des nœuds indissolubles ; il me donna sa sœur, cette Almaïde qui sut m'inspirer le plus violent amour, et mériter par ses vertus le titre de mon épouse. Voilà mes crimes ; ils sont grands sans doute, mais le ciel m'en est témoin, votre image sacrée n'est jamais sortie de ce cœur souvent déchiré par les serpens du remords; ma vertu expirante me reprochait , m'accusait de vous avoir plongé dans la tristesse, sa voix terrible se fesait entendre à mon ame dévorée d'inquiétude, et lorsqu'on enviait mon sort , plus d'une fois ma couche solitaire fut baignée de mes larmes !

ADRIEN, *attendri.*

Malheureux ! tu pleurais tes fautes...

ALMANZOR.

Ce jour les effacera toutes.

ADRIEN.

Elles sont irréparables.

ALMANZOR.

Vous prouverez qu'il n'est point de crime que la clémence ne puisse pardonner...

ADRIEN.

Moi , te pardonner ? jamais.

ISIDORE.

Seigneur , il est votre neveu ; plus à plaindre que coupable, ne l'accablez pas encore du poids de votre haine !

ADRIEN.

C'est vous qui intercédez pour lui ?

ALMANZOR, *à Isidore.*

A qui dois-je cette faveur ?...

ISIDORE.

Au Chevalier Isidore, au frère de Félicie, de celle qui devait être votre épouse !

ALMANZOR.

Vous seriez !.. Combien vous devez me haïr !

ISIDORE.

Votre situation me le défend.

ALMAÏDE.

Qu'entends-je ?

ISIDORE, *à part.*

Je joue ici un fort joli personnage.

ALMANZOR.

Suis-je assez humilié!..

ADRIEN.

Ta punition commence.

ALMANZOR.

Je suis prêt à la subir, accablez-moi des noms les plus
odieux ; nommez-moi parjure à mes sermens , appelez sur
ma tête toutes les vengeances du ciel , mais ne me ravissez
pas l'espoir de vous fléchir un jour ; jetez les yeux sur ce
neveu qui vous fut cher ; croyez, croyez à ses pleurs et
à son repentir.

ADRIEN.

Tu m'as trompé !

ALMANZOR.

J'en appelle à votre cœur !

ADRIEN.

Il s'est fermé pour toi.

ALMANZOR.

Qu'il s'ouvre aux cris de mes remords !

ADRIEN.

Je n'y crois pas.

ALMANZOR.

Edouard n'a donc plus qu'à mourir ! . .

ADRIEN.

Ce nom ne t'appartient plus ; tu l'as souillé pour jamais.
Qu'Almanzor achève sa carrière au milieu de ceux qu'il
me préféra. Je n'ai plus de neveu.

ALMANZOR.

Il peut encore devenir digne de vous ; en vain vous
me fuyez avec horreur , en vain votre juste indignation porte
dans mes sens abattus la terreur et le désespoir ; je triom-
pherai de la fatalité , je réparerai mes erreurs , je suivrai par-
tout la trace de vos pas. Ibrahim , mon épouse, ne sont plus
rien pour moi ; je ne vois que vous dans l'univers entier !
Ces habits, je les abhorre ; je redeviens Chevalier, je brûle
de porter sur mon sein le signe sacré de notre auguste religion ; elle seule m'a fait supporter mes ennuis, et lorsque
sa voix consolante me promet un généreux pardon , serez-
vous plus inflexible qu'elle ? Ah ! mon oncle, mettez un
terme à mes longues souffrances Mes amis , mes frères ,
implorez ma grâce , et rendez-moi ma propre estime...

ADRIEN.

Comment t'arracher de ce gouffre ?

ALMANZOR.

Ordonnez, je suis prêt à vous suivre.

ADRIEN.

Et ton épouse, et ton fils ! regarde-les et deviens ton
juge, si tu l'oses.   ALMANZOR.

ALMANZOR.

L'enfer est dans mon cœur !..

ALMAÏDE.

Cruel ! et c'est devant Almaïde que tu formes un pareil projet !

ALMANZOR.

Mon pardon ou la mort !..

ADRIEN.

Adieu...

ALMANZOR, *tirant son poignard.*

Arrêtez, ou je me frappe à vos yeux...

ALMAÏDE.

Almanzor !

ADRIEN, *lui tendant les bras.*

Viens dans mes bras !...

ALMANZOR, *s'y précipitant.*

O mon Dieu ! il est donc encore un instant de bonheur pour moi !...

ADRIEN.

Edouard, quel moment pour tous deux !...

ALMANZOR.

Tous mes maux sont effacés.

SCÈNE XIV.

ADRIEN, ALMANZOR, IBRAHIM, ALMAÏDE ; ISIDORE, OSMIN, ALBERT, ALI, Chevaliers, Suite, Janissaires, l'Enfant.

ALMAÏDE.

Ah ! mon frère, ta présence me rassure ; hâte-toi de prévenir un outrage ; on veut nous enlever Almanzor !

IBRAHIM, *cherchant à se contenir.*

Je sais tout.

ALMANZOR.

Ibrahim !

IBRAHIM.

Ote-toi de mes yeux', ingrat ! Et toi, grand Maître, t'es-tu flatté de venir impunément semer le trouble et la désunion dans la cour d'Ibrahim ?

ADRIEN.

Je n'ai rien à te répondre ; Edouard d'Orvilé sait ce qui lui reste à faire.

IBRAHIM.

Je préviendrai vos infâmes complots.

ADRIEN.

Je brave tes menaces.

IBRAHIM.

Tu oublies à qui tu parles ?

D

ADRIEN.

Rends-moi tout ce que tu m'as ravi !

IBRAHIM.

Quels sont tes droits ?

ADRIEN.

Ceux de la nature et de l'honneur.

IDRAHIM.

Sais-tu quels liens m'attachent à Almanzor?

ADRIEN.

Et toi qui l'as indignement séduit, savais-tu quel était son devoir ?

ALMANZOR.

Je le ferai.

IBRAHIM.

C'est m'inviter à faire le mien ; j'ai souffert trop long-temps l'insulte de ces chrétiens. Osmin, qu'on leur arrache leurs armes! (*Les Chevaliers font un mouvement.*)

ISIDORE.

Jamais...

ADRIEN.

Point de résistance ; obéissez à votre grand Maître, et suivez l'exemple qu'il vous donne. (*Il rend son épée ainsi que les Chevaliers.*)

ALMANZOR.

Ibrahim ! je ne te connais plus...

ADRIEN, *à Ibrahim.*

Tu pourras te repentir de cette violence ; mais des Chevaliers Français méprisent les outrages d'un babare Africain.

IBRAHIM *éclatant.*

Oui , je serai barbare puisque vous m'y forcez ; je justifierai le titre que tu me donnes ; vous apprendrez tous à connaître cet Ibrahim que vous offensez ! Almanzor périra mille fois avant que je le laisse arracher de ces lieux !

ALMAÏDE.

Ah ! mon frère !...

IBRAHIM.

Laisse-moi te venger !... Osmin , que ce perfide ami soit dépouillé des habits qu'il tient de ma générosité , et qu'il n'est plus digne de porter après sa lâche trahison ! que tous les chrétiens soient enfermés dans les prisons du palais; vous me répondez d'eux sur votre vie !

ALMANZOR.

Que je sois ta seule victime !...

IBRAHIM.

Traître , délivre-moi de l'horreur de te voir... Eloigne-

toi , ou je ne répondrai plus de la fureur qui m'anime ! obéissez ou craignez le poids de ma colère !...

(Au signal d'Osmin , les Janissaires entourent les Cheva-
liers. Almanzor veut se jeter aux pieds d'Ibrahim , le
grand Maître le retient. Almaïde présente son fils à
Ibrahim , et semble implorer la grâce de son époux ;
Ibrahim est inflexible. Le grand Maître le contemple
avec calme et fierté. (tableau.) Le rideau tombe.)

Fin du premier Acte.

ACTE II.

(Le théâtre représente une vaste prison souterraine
éclairée par une lampe suspendue à la voûte ; à gau-
che du spectateur , une table et des chaises de pail-
le ; à droite et à gauche , différentes portes qui con-
duisent dans d'autres cachots.)

SCÈNE PREMIÈRE.

ADRIEN , EDOUARD , ISIDORE , Chevaliers.

(Au lever du rideau , Edouard , qui a repris ses habits
de Chevalier de Malte , est endormi sur une chaise près
de la table. Les Chevaliers l'entourent les bras croisés
et dans une attitude de tristesse. Isidore et le grand
Maître contemplent Edouard avec intérêt.)

ISIDORE , *au grand Maître.*

Un sommeil bienfaisant s'est emparé de lui , et rendra le
calme à son ame agitée...

ADRIEN.

Puisse la paix rentrer dans son cœur ! O mon Dieu ! je
t'implore pour lui...

ISIDORE.

Quel nouveau trouble l'anime ? sa respiration devient pénible... Un long murmure s'échappe de son sein...

EDOUARD , *en rêvant.*

Almaïde !...

ISIDORE.

Il prononce le nom de son épouse...

EDOUARD , *d'une voix entrecoupée.*

Almaïde !... on veut nous séparer... On veut m'arracher
de tes bras... non , non... jamais... Almaïde., mon fils... je
mourrai près de vous...

ADRIEN.

Toujours cette image occupe sa pensée...?

ISIDORE.

Pourrait-on l'en blâmer?

ADRIEN, *descendant la scène avec Isidore.*

Et c'est toi qui me tiens ce langage?

ISIDORE.

Je suis sensible et juste.

ADRIEN.

Malheureuse enfant! à quelle épreuve étais-tu réservée!...

ISIDORE.

En effet, elle est un peu singulière; et tout ceci prouve clairement que le sort se plaît à se jouer des vains projets des pauvres humains. Après une absence de cinq ans, après l'avoir cru perdu sans retour, vous retrouvez votre neveu, et les bizarreries de mon étoile m'amènent justement en ces lieux pour apprendre qu'il est marié; c'est un malheur dont il faut que je me console, puisque le mal est sans remède.

ADRIEN,

Va, ma chère Félicie, je n'ai point renoncé à l'espérance de t'unir à Edouard.

ISIDORE.

Quoi, vous pourriez...

ADRIEN.

Rompre des nœuds contractés sous des lois ennemies de notre religion, des nœuds qui lient un chrétien à une musulmane.

ISIDORE.

Faut-il moins les respecter pour cela? Almaïde a dû rester fidèle à la foi de ses pères; quelle que soit sa croyance, le ciel a consacré cette union qu'il serait affreux de vouloir briser.

ADRIEN.

Il le faut, je le dois: ma gloire, ton bonheur, tout l'ordonne.

ISIDORE.

Mon bonheur! vous me connaissez mal, Seigneur, si vous pensez que je puisse l'acheter à ce prix. Edouard chérit Almaïde, il en est adoré; un fils, unique fruit de leur amour, est venu resserrer leurs chaînes; Dieu a reçu leurs sermens, ils sont écrits dans le ciel, qui punit les parjures; et vous exigeriez que je devinsse pour ces époux un sujet de haine et de désolation! Edouard est aimable sans doute, peut-être en coûte-t-il à mon cœur de renoncer à l'espoir dont je m'étais flattée, mais il serait indigne de moi de consentir à une action que vous vous reprocheriez toute votre vie!

ADRIEN.

Quelle sera donc ta destinée?

ISIDORE.

Je m'y soumettrai sans me plaindre. Hé , Seigneur , l'existence est si peu de chose qu'elle ne vaut pas la peine qu'on en passe une moitié pour tâcher d'embellir l'autre. J'ai ma philosophie aussi ; elle est toute simple, je me console d'un chagrin avec la même facilité qu'il s'empare de ma personne : franchise, gaité inaltérable, voilà ma devise ; les passions n'ont d'empire sur moi qu'autant que je veux bien le leur permettre ; supérieure aux événemens, rien ne peut troubler ma tranquillité , et je finirai ma carrière sans avoir connu la peine et sans avoir abusé du plaisir.

ADRIEN.

Quel caractère !

ISIDORE.

Silence ! Edouard s'éveille...

EDOUARD, *vient baiser la main d'Adrien.*

Vous étiez près de moi... Ah! Seigneur , combien votre situation me touche! cet asile est-il fait pour la vertu ?

ADRIEN.

Des Chevaliers savent tout souffrir; profite de l'exemple que tu reçois aujourd'hui.

EDOUARD.

Je sens que j'aurai besoin de tout votre courage... Cet habit respectable, cette croix que je porte avec orgueil sur mon sein, l'aspect de mes anciens frères d'armes , tout se réunit pour m'inspirer une résolution que je croyais au-dessus de mes forces! j'irai me jeter aux pieds d'Ibrahim, le conjurer , au nom de l'amitié , de faire cesser une captivité dont je suis seul la cause. Pour Almaïde... Ah ! je tremble de la nommer devant vous...

ADRIEN.

Edouard , tu sais à quelle condition je t'ai rendu mon estime ?

EDOUARD.

Je ferai tout pour la mériter encore... (*à part.*) Ah ! malheureux ! que vas-tu faire !

ISIDORE.

On vient.

EDOUARD.

C'est Osmin.

SCÈNE II.

ADRIEN, EDOUARD, ISIDORE, OSMIN,
ALBERT , Chevaliers.

OSMIN.

Moi-même.

EDOUARD.

Ah ! cher ami, que venez-vous nous apprendre ? que faut-il craindre ou espérer ?

OSMIN.

Dès que j'ai pu quitter Ibrahim, j'ai volé près de vous, pour vous prévenir des dangers qui vous menacent ; le Roi est plus que jamais indigné contre vous et le grand Maître ; je ne le connais plus, sa fureur est à son comble ; sombre, inquiet, tourmenté par la douleur qui l'égare, il parcourt le palais comme un insensé, et n'ouvre la bouche que pour prononcer avec force : l'ingrat !... En vain votre épouse gémissante s'attache à ses pas, et cherche à le calmer par ses larmes, il reste insensible, il la repousse et tombe tout-à-coup dans une morne stupeur qui fait craindre pour ses jours.

EDOUARD.

Voilà mon ouvrage !

OSMIN.

Je tremble qu'Ibrahim ne se porte à quelque excès ; peut-être serait-il assez cruel pour ordonner votre supplice.

EDOUARD.

Tu juges mal son cœur.

OSMIN.

L'événement justifiera mes craintes. N'importe, je viens vous offrir mes services ; disposez de mon zèle et de mon pouvoir ; Osmin sera trop heureux de vous prouver les sentimens qu'il se fait gloire d'avoir pour vous.

ADRIEN.

Osmin, va dire à ton maître que notre sort est entre ses mains, qu'il peut nous faire assassiner, mais non pas nous forcer à consentir au déshonneur.

SCÈNE III.

ADRIEN, EDOUARD, ISIDORE, OSMIN, ALBERT, ALMAIDE, son Fils, Chevaliers.

EDOUARD.

Almaïde ! c'est toi ?

ALMAÏDE.

Oui, barbare, c'est moi, c'est une épouse outragée qui vient te reprocher ton crime... Tu détournes les yeux, tu crains ma présence, elle porte dans ton ame traîtresse la honte et le remords ; perfide ! tu veux me fuir, tu veux qu'Almaïde expirante maudisse l'instant fatal où tu l'as trompée pour la première fois ! Qui peut donc étouffer dans ton cœur le cri de la nature et de la reconnaissance ? Par quels forfaits ai-je mérité ta haine ? Va, je connais tes affreux desseins, je sais qu'une autre épouse t'attend dans ta patrie,

que tu te flattes de briser les nœuds sacrés qui m'unissent
à toi, dans l'espoir sacrilège d'en former de nouveaux ;
penses-tu qu'Ibrahim souffrira cette horrible iniquité ? ah !
s'il avait la cruauté de souscrire à tes vœux, tu me verrais,
mon fils dans mes bras, te suivre jusqu'auprès de tes vaisseaux, et là, d'une voix accusatrice, appeler sur ta tête coupable le mépris et la vengeance ! Que dis-je ? ce Dieu dont
tu vantes la justice ne permettra pas que tu insultes à mes
larmes et à mon désespoir, que tu jouisses d'une paix que
tu veux me ravir ; sa main puissante déchaînera la tempête
qui doit engloutir un ingrat tel que toi !...

E D O U A R D.

Almaïde ! n'accable pas ton malheureux époux !..

A D R I E N, *à Edouard.*

Souviens-toi de ta promesse.

A L M A Ï D E, *au grand Maître.*

C'est toi qui veux l'arracher de mes bras ! toi, qui as abusé
de ma tendresse et de ma crédulité. Ah ! vieillard, si j'eusse
soupçonné tes astucieux projets, si j'eusse prévu que tu ne
cherchais à connaître le sort de mon époux, que pour l'enlever à mon amour, je l'aurais soustrait à tes regards, j'aurais
entraîné loin de ces lieux le seul bien qui me soit cher.
Réponds, si tu l'oses, à la déplorable victime de ton orgueil
et de tes préjugés ; tes droits sont ils aussi légitimes que
les miens ? sais-tu que j'ai sauvé la vie à ton neveu ? que mes
mains ont étanché le sang de ses blessures ? que j'ai veillé
près de lui ? que mes soins ont arrêté le cours de la fièvre
brûlante qui dévorait ses jours ? Il était mon ennemi pourtant, celui de mon frère, de mon pays ; eh ! bien, j'ai tout
immolé à cette pitié touchante que tu méconnais aujourd'hui ;
la sœur d'Ibrahim, élevée sur le trône, n'a pas rougi d'accorder son cœur et sa main à un chrétien abandonné de
l'univers entier ; et voilà quelle est sa récompense ? Va, barbare, retourne dans des climats où l'on se fait un jeu de
trahir ses sermens ; va pratiquer cet art perfide au milieu
d'un peuple corrompu ; laisse-nous nos vertus, si tu ne peux
les imiter !.. Ah !.. Pardonne au délire de ma douleur !
je dois te respecter, puisque tu es le parent de mon époux..
Excuse une mère infortunée ! j'embrasse tes genoux, vois
cette innocente créature élever ses mains jusqu'à toi, elle
et demande son père, elle implore la grâce d'Almaïde.

A D R I E N, *attendri.*

Levez-vous, Madame !.. Je ne suis point insensible à la
voix de la nature ; je gémis sur votre destinée, le ciel m'est
témoin que je voudrais pouvoir l'adoucir ; je ne vous ferai
point entendre l'austère langage de la raison ; elle échoue-

rait près des sentimens qui vous animent; qu'il vous suffise de savoir qu'Adrien de Vignacourt a employé sa vie à faire un peu de bien, et qu'il est incapable d'exiger une injustice.

ALMAÏDE.

Oui, ton Dieu, celui d'Almanzor, t'ordonne la clémence et la générosité.

EDOUARD.

Chère Almaïde, espérons que la providence mettra un terme à nos malheurs, va, rassure toi, rien ne peut altérer le souvenir de tout ce que je te dois; pourrais-je oublier mon épouse et mon fils? Ah! si l'impérieuse nécessité me commande un sacrifice inhumain, qu'elle me donne la force de l'achever sans mourir!

ISIDORE.

Ainsi votre constance abattue cède au moindre revers, au lieu de songer à prévenir des maux plus grands; puisque rien ne peut séparer Edouard d'Almaïde, qu'elle devienne chrétienne, et suive son époux aux rives de la France.

ALMAÏDE.

Moi! qu'oses-tu-dire?

OSMIN.

Ibrahim n'y consentira jamais.

EDOUARD.

Voilà ce qui me désespère.

ISIDORE.

Qu'Almaïde y consente seulement, je me charge de l'annoncer à Ibrahim.

EDOUARD.

Grand dieu! le voici.

SCÈNE IV.

ADRIEN, EDOUARD, ISIDORE, ALMAÏDE, OSMIN, IBRAHIM, ALI, ALBERT, l'Enfant d'Almaïde, Chevaliers, Janissaires.

IBRAHIM.

Oui, traîtres, je viens vous confondre et vous punir!..

ADRIEN.

Que peux-tu nous reprocher, toi qui as bravé les droits de l'hospitalité, ceux des nations, en nous fesant enfermer dans ton palais comme de vils criminels?

IBRAHIM.

J'aurais fait plus, si un reste de pitié n'avait retenu mon bras. Grand Maître, sais-tu que cet Ibrahim que tu nommes un barbare Africain, porte une ame qui peut donner à la tienne le défi de la fierté?

ADRIEN.

(33)

ADRIEN.

Tes actions ne le prouvent pas.

IBRAHIM.

Tu m'insultes ! et pourtant je te parle avec calme... Ecoute-moi pour la dernière fois : si j'eusse été dans ton île, sur
la foi d'un traité, t'offrir des propositions de paix, je veux
croire que tu m'aurais reçu avec les distinctions qu'on
doit à un Souverain qui s'occupe à faire le bonheur de son
peuple ; mais quelle eût été ton indignation, si, au mépris de tes lois, j'avais cherché à t'enlever ton frère ou ton
ami ? qu'aurais tu fait ? réponds ; il en est tems...

ADRIEN.

Peux-tu comparer ce qui n'eût été qu'un lâche attentat
au devoir que l'honneur m'impose ?

IBRAHIM.

C'en est assez... Je te rends la liberté ; pars, regagne tes
vaisseaux ; remporte tes propositions de paix ; je n'en veux
avoir ni avec toi, ni avec ta patrie.

ADRIEN.

Je ne quitterai ces lieux que suivi d'Edouard.

IBRAHIM.

Crois-moi, renonce à cette frivole espérance !

ADRIEN.

De quel droit veux - tu le retenir ?

IBRAHIM.

C'est toi qui le demandes, après tout ce que j'ai fait pour
lui ? il faut qu'un Musulman t'apprenne ce qu'on doit à la
reconnaissance et à l'amitié ? oui, je ne crains pas de te montrer ma faiblesse ; Almanzor est nécessaire à mon repos,
jamais aucun mortel ne sut m'inspirer ce sentiment dura-
ble, cette noble passion des grandes ames ; sa douceur ses
vertus ont corrigé la violence de mon caractère ; j'ai courbé
mon front superbe sous le joug que m'imposaient sa prudence et ses sages conseils. Si j'ai acquis quelque renommée,
si je suis devenu meilleur, c'est à lui que je dois ces bienfaits ! je les publie avec orgueil. Almanzor, ne crains pas
d'avouer quel en fut le prix ! considère ce que tu veux abandonner : que te manque-t-il en ces lieux ? aurais-je, sans m'en
appercevoir, offensé ton ame généreuse ? suis-je coupable
de quelque crime envers toi ? Ah ! parle, je t'en conjure, fais-
moi connaître mes torts, je vais les expier. Almanzor, je
t'ouvre mes bras fraternels.. rends-moi mon ami !...

EDOUARD, *se jetant dans ses bras.*

Cher Ibrahim !... Si tu savais ce que je souffre...

IBRAHIM.

Arme-toi de ce courage héroïque que tu m'as inspiré ;
sois homme ; oppose aux préjugés de ta patrie les larmes

E

de ton épouse et les caresses de ton fils. C'est l'intérêt et l'ambition qui te réclament ; ils ne t'ont jamais aimé ceux qui exigent de toi cet horrible sacrifice ! méprise leur vengeance et la foudre impuissante qu'ils appellent sur toi ; fier du témoignage de ta conscience, oppose au cri de la calomnie la noble fermeté d'un chrétien, toi qui m'as appris à respecter ce titre sacré !

EDOUARD.

C'est pour en être digne, que je me soumets à la volonté du sort.

IBRAHIM.

Dis au vain caprice d'un jaloux aveuglement !

EDOUARD.

Plains-moi sans m'accuser.

IBRAHIM.

Ne m'y force pas en soyant juste.

EDOUARD.

Je le serai quoiqu'il m'en coûte !

IBRAHIM.

C'est trop long-tems m'abaisser à de honteuses supplications quand je puis ordonner... Prononce irrévocablement sur tes desseins ; que prétends-tu faire ?

EDOUARD.

Ce que tu ferais à ma place.

IBRAHIM.

Je ne trahirais pas mes sermens ; tu peux le croire.

ADRIEN, *à Edouard.*

Dieu t'entend, il lit dans ton cœur....

IBRAHIM.

C'en est assez... Je vous comprends tous deux... vous m'y forcez ; il faut que je punisse des ingrats !.. Cruels, vous serez satisfaits ; je n'écoute plus rien, je me livre à tout l'excès de ma fureur ! ... Grand Maître, je cède à tes desirs ; ton neveu vivra près de toi, mais c'est au fond des plus noirs cachots qu'il recevra ton dernier soupir ! c'est là qu'abreuvés de larmes et de douleurs, qu'en proie à toutes les horreurs d'une captivité éternelle, vous vous repentirez, mais trop tard, de m'avoir outragé !..

EDOUARD.

J'ai seul mérité ta haine...

IBRAHIM.

Non, vous périrez tous !

ADRIEN.

Un peuple entier volera à notre secours.

IBRAHIM.

J'aurai donc le plaisir de déclarer une guerre sanglante à tous ceux de ta patrie ! Qu'ils viennent, je les attends ! ma vaillance saura leur résister encore ; le monde entier ne vous arracherait pas à l'épouvantable avenir que je vous prépare ! Sur les ruines de mon palais embrasé , je combattrai jusqu'à la dernière goutte de mon sang , plutót que de vous laisser échapper à ma vengeance ! Ma cause est celle de tous les rois qui habitent ces bords ; ils s'uniront à moi ; ils jureront une haine immortelle à ces chrétiens , dont l'audace criminelle se fait un jeu de l'insulte et de la trahison ! tremblez ! vous apprendrez à respecter le trône d'un barbare qui l'est moins que vous...

ALMAÏDE.

Ah ! mon frère ! épargne mon époux...

IBRAHIM , *hors de lui.*

C'est toi qui implore sa grâce, toi, la première victime de son ingratitude et de sa perfidie ! Rougis de conserver pour lui le dernier des sentimens, celui de la pitié ; va, je le déteste autant que je l'aimais ; je ne vois plus en lui que le hideux serpent qui déchire le sein de son bienfaiteur ! Rentre dans la poussière dont je t'ai tiré, tombe aux genoux de ton maître , abjure ton exécrable projet , (*il tire son cimeterre*) ou la tête de ton fils va rouler à tes pieds !... (*Almaïde se jette devant lui.*)

ALMAÏDE , *elle prend son fils dans ses bras.*

Arrête ! cruel !...

EDOUARD.

Mon fils !...

IBRAHIM , *combattu par la fureur et la pitié.*

Osmin , sortons !...

(*Il sort , en fuyant avec horreur , suivi d'Osmin et des Janissaires. Edouard , appuyé sur le grand Maître , paraît insensible à sa douleur ; les Chevaliers l'entourent, le soutiennent et sortent avec lui. Almaïde tient son fils dans ses bras et le baigne de ses larmes.*)

SCÈNE V.

ALMAIDE, (son Fils,) ISIDORE.

ISIDORE , *à part.*

Combien sa situation m'intéresse !

ALMAÏDE.

Malheureuse , il n'est donc plus d'espoir !.. O mon fils ! mon cher fils ! déplorable fruit d'un amour infortuné , que vas-tu devenir !

ISIDORE.

Bannissez votre effroi , belle Almaïde ; Ibrahim ne s'est porté à cet excès, qu'irrité par une résistance que je suis loin d'approuver : il n'a pas eu l'intention de souiller sa main du meurtre de cette innocente créature.

ALMAÏDE.

Jeune chrétien, ta voix douce et persuasive rassure une mère alarmée ; je sais que mon frère est incapable d'attenter aux jours de mon fils ; mais hélas ! qui me répondra de l'avenir ? comment écarter les funestes événemens que je prévois ?

ISIDORE.

Le grand Maître est bon, il est généreux, il se laissera fléchir.

ALMAÏDE.

Je n'ose l'espérer. Mais toi qui me parles ainsi, n'es-tu pas le frère de cette Félicie à laquelle on veut me sacrifier ?

ISIDORE.

Oui, je suis son frère ; elle et moi ne faisons qu'une seule personne.

ALMAÏDE.

Tu me trompes donc par une fausse pitié ?

ISIDORE.

Comment cela ?

ALMAÏDE.

Il est de ton intérêt sans doute, que mon époux m'abandonne, qu'il brise les nœuds qui m'attachent à lui, pour aller offrir à ta sœur le prix de son parjure et de sa déloyauté.

ISIDORE.

Si vous connaissiez Félicie, vous jugeriez mieux de la noblesse de ses sentimens ; jamais elle n'achètera son bonheur aux dépens du vôtre ; et je puis vous jurer que dès cet instant ma sœur a renoncé pour jamais à la possession d'Edouard.

ALMAÏDE.

Y a-t-il renoncé lui même ?

ISIDORE.

Il ne l'a jamais vue.

ALMAÏDE.

Puis-je te croire ?

ISIDORE.

Je dis la vérité.

ALMAÏDE.

Avoue cependant que mes craintes sont légitimes : quel motif puissant peut engager Almanzor à vouloir rompre un hymen consacré par nos sermens, et l'amour qu'il m'a juré tant de fois ? Ah ! n'abuse pas de ma crédule tendresse, tu ignores peut-être tout le pouvoir que ta sœur a sur mon époux ? tu n'as pas toujours été près d'elle ; il est possible qu'Almanzor ait pu contempler ses charmes, qu'il ait été séduit par ses grâces ; car, à en juger par toi, ta sœur doit être belle...

ISIDORE.

Belle ? pas absolument... Nous nous ressemblons trait pour trait.

ALMAÏDE.

Elle est aimable ?

ISIDORE.

Quand elle veut s'en donner la peine.

ALMAÏDE.

Elle n'aimera jamais comme Almaïde.

ISIDORE.

Si elle était ici, elle vous plaindrait, et s'empresserait de vous offrir ses soins et les consolations que vous avez droit d'attendre dans cette pénible circonstance. Croyez qu'elle s'estimerait heureuse de pouvoir assurer votre félicité. Je ne démentirai point sa justice et la franchise inaltérable de son caractère ; j'agirai dans cette occasion comme elle le ferait à ma place ; oui, je vous le jure sur l'honneur, j'employerai auprès du grand Maître toutes les ressources de mon zèle et de mon esprit, pour arrêter, si je puis, les progrès effrayans d'une lutte où peut-être l'innocence et la faiblesse vont succomber. Vous triompherez, belle Almaïde, du sort injurieux qui vous poursuit, et si j'ai le plaisir de vous être utile, Isidore ne veut pour récompense que votre estime et votre amitié.

ALMAÏDE.

Tu serais assez généreux...

ISIDORE.

Je suis Français et fidelle à la devise d'un brave Chevalier : Dieu, l'honneur et les dames.

ALMAÏDE.

Je ne sais quel charme secret me subjugue et m'entraîne vers toi ; je prête une oreille avide à tes discours ; un sentiment que je ne puis définir me commande de t'aimer... Ah ! songe qu'il serait affreux de me tromper ! je m'abandonne à toi, sois mon ange tutélaire ; tu viens de me rendre à la vie, achève ton ouvrage, donne-moi l'exemple sublime du plus noble désintéressement ; un chrétien seul est capable d'un pareil trait... Adieu, je vais rejoindre mon frère, et tâcher d'appaiser sa colère ; n'oublie pas que le sort d'Almaïde est entre tes mains...

(Elle sort avec son fils.)

SCÈNE VI.

ISIDORE, *seul.*

Allons, me voilà devenue la confidente et la protectrice de ma rivale ; il ne manquait plus que cela pour achever de rendre ma situation piquante... Voyons, consultons-nous un peu... Est-ce par orgueil ou par dépit que je fais ce sacrifice? non, c'est par générosité. Edouard a sans doute de quoi me plaire ; j'ai même senti , en le voyant pour la première fois , qu'il m'eût été doux de passer ma vie près de lui... Est-ce toi, Félicie, qui tiens ce langage ? Un obstacle invincible nous sépare ; Edouard ne peut être à moi ; allons, c'est décidé, je vaincrai les faiblesses de mon sexe , je ferai de nécessité vertu , et la gloire d'une belle action me dédommagera des pertes de l'amour !

SCÈNE VII.

IBRAHIM, ISIDORE, OSMIN.

IBRAHIM, *en entrant.*

Je veux le voir, te dis-je...

OSMIN.

Modérez ce transport...

IBRAHIM, *à Isidore.*

Que fais - tu ici ?

ISIDORE.

C'est à toi qu'il faut le demander , puisque tu nous as contraints d'y rester.

IBRAHIM.

Sors de ma présence.

ISIDORE.

Est-ce que je blesse tes regards ?

IBRAHIM.

Oui ; tu es chrétien , cela me suffit pour t'avoir en horreur !.. Tu restes encore...

ISIDORE.-

J'admire à quel point la colère a changé ton ame ; je te croyais au-dessus d'un pareil sentiment.

IBRAHIM.

Me colère est juste.

ISIDORE.

J'ose te dire que non.

IBRAHIM.

Tu en ressentiras bientôt les effets; frémis au seul nom du châtiment que je vous réserve.

ISIDORE

Les menaces ne m'épouvantent point.

IBRAHIM

Je suis capable de tout, dans l'état où je suis.

ISIDORE.

J'augure mieux de la grandeur d'Ibrahim ; il ne voudra pas ternir l'éclat d'une vie exemplaire , en se livrant aux honteux excès d'une aveugle fureur.

IBRAHIM.

Jeune homme ! ..

ISIDORE.

N'attribue la liberté avec laquelle je te parle, qu'à l'intérêt que tu m'inspires.

IBRAHIM.

Je ne veux rien de toi.

ISIDORE.

Tu ne peux m'empêcher de te plaindre et de t'estimer.

IBRAHIM.

Tu es mon ennemi.

ISIDORE.

Je te prouverai le contraire.

IBRAHIM

Il ne sera plus tems.

ISIDORE.

Peut-être. Adieu ; tu apprendras un jour à connaître Isidore.

IBRAHIM.

Préviens Almanzor que je l'attends.

ISIDORE.

Je vais te l'envoyer. Songe qu'il est malheureux, et que tu es encore son ami. (*Elle rentre.*)

SCÈNE VIII.

IBRAHIM, OSMIN.

IBRAHIM.

Il faut que j'admire malgré moi sa noble fermeté ! Osmin , quel inconcevable mélange d'héroisme et de cruauté !

OSMIN.

Ne vous laissez point éblouir, Seigneur , par une audace coupable ; appréciez à sa juste valeur la conduite insidieuse des Chevaliers de Malte ; elle colore vainement la haine et la révolte qu'ils ont fait éclater aujourd'hui. Rappelez à votre mémoire le sanglant outrage dont Almanzor a payé vos bienfaits ; il les méprise , il rougit du poste glorieux où vous avez daigné le placer ; votre amitié le déshonore, il traite votre auguste sœur commme une vile esclave ; il insulte , il brave un prince magnanime, qui d'un seul mot pourrait l'anéantir : quel est donc cet homme superbe ? un simple Chevalier , un ennemi à qui vos bontés ont sauvé la vie , que vous avez tiré de la misère, comblé d'honneurs et de richesses ! Ah ! Seigneur n'écoutez plus une clémence qui peut vous devenir fatale ; donnez un grand exemple à votre peuple , en punissant ces chrétiens qui viennent vous offrir une

paix humiliante ; et vous dicter des lois jusqu'aux pieds de
votre trône !

IBRAHIM.

Tu me rends à moi-même... J'abjure mon indigne faiblesse ;
Almanzor va venir, sois témoin de mon courage ; malheur
à lui s'il me résiste encore, cet entretien va décider de
son sort... Il s'avance...

SCÈNE IX.

IBRAHIM, EDOUARD, OSMIN.

EDOUARD.

Je me rends à tes désirs ; parle, que veux-tu de moi ?

IBRAHIM.

Ai-je besoin de te le répéter.

EDOUARD.

Je te comprends, tu viens augmenter l'horreur de ma situation !

IBRAHIM.

Je viens, pour la dernière fois, interroger le cœur d'Almanzor.

EDOUAD.

Appelle-moi Edouard, de ce nom que je n'aurais jamais
dû quitter.

IBRAHIM,

Eh ! bien, Edouard, puisque le nom que tu reçus de ma
tendresse n'a plus de charmes pour toi... as-tu réfléchi aux
suites funestes où peut m'entraîner ta résolution insensée ?
as-tu calculé les maux que tu te prépares ? tu peux les prévenir, il en est tems encore ; dis un mot, je t'éloigne de ma
cour, une retraite sacrée va te dérober aux regards du grand
Maître, à ceux des Chevaliers ; tu n'entendras plus leurs voix
jalouses te commander une injustice et te reprocher d'avoir
fait le bonheur d'Almaïde ; ils quitteront ces bords, ils iront
dans leur patrie publier un trait qui t'honore, et apprendre
aux Français qu'un de leurs compatriotes s'est montré fidelle
à leur loyauté, et qu'il n'a pu se résoudre à trahir à la fois
la nature, l'amour et l'amitié.

EDOUARD.

Qu'ose-tu me proposer ? je pourrais, par une fuite honteuse,
me couvrir d'un opprobre éternel ! ah ! tu connais bien peu
ce cœur que tu déchires ! penses-tu que la France applau-
dirait à ma résistance aux volontés du grand Maître ? non ;
je l'entends d'ici me taxer d'ingratitude, m'appeller hautement parjure et traître à mon pays ; mon nom serait à jamais flétri ; j'effacerais en un instant trois siècles de gloire
qui ont été illustré mes nobles aïeux ; je vois leurs ombres

menaçantes

menaçantes secouer la cendre des tombeaux, et d'une voix
formidable accuser l'indigne rejeton qui les oublie ! Ibrahim,
je t'afflige, je porte dans ton ame le trouble et la terreur !
abandonne un malheureux au destin qui l'accable ; victime
déplorable des passions, puisse une mort que je désire, me
délivrer bientôt du poids de mon affreuse existence !

IBRAHIM

Tu me défends de te regretter ; tu veux que je consente
à me séparer de toi ! tu ne fais qu'irriter le délire de ma
douleur ! Vois dans nos déserts brûlans, le Lion superbe dé-
chirer de sa griffe ensanglantée le hardi chasseur qui l'a
frappé d'un dard perfide : j'imiterai sa férocité... Je ne me
connais plus... La rage dispose de toutes les sensations de mon
ame ! je vais charger ma mémoire de l'exécration des peuples !
Edouard ! retiens-moi sur les bords de l'abime... Encore un
instant, et je deviens criminel ! . .

EDOUARD.

Frappe ! arrache-moi ce jour que je déteste !..

IBRAHIM.

Moi, devenir ton assassin !..

EDOUARD,

Je bénirai tes coups...

IBRAHIM.

Cruel ! pourrais-je te survivre ?. .

EDOUARD.

Je ne mérite plus ton amitié...

IBRAHIM.

Tu verses des larmes ! . .

EDOUARD, *avec effort.*

Ibrahim ! . .

IBRAHIM.

Achève...

EDOUARD.

Adieu, je vais mourir !..

(*Il sort en pleurant.*)

SCÈNE X.

IBRAHIM, OSMIN.

IBRAHIM, *après une légère pause.*

Il me fuit... Il ne daigne pas implorer son pardon et jus-
tifier ma bonté pour lui... C'en est trop, je ne puis plus
supporter autant d'outrages... Osmin, le perfide mourra !..

OSMIN.

Ordonnez, Prince, et je vais purger vos états du vil mortel qui a perdu tous ses droits à votre pitié...

F

IBRAHIM.

Attends... Je frémis malgré moi de la vengeance que je médite...

OSMIN.

Vous balanceriez à punir ...

IBRAHIM.

Non... Le sort en est jeté !

OSMIN.

Je vole exécuter votre ordres ...

IBRAHIM.

Il n'est pas tems encore... J'ai besoin d'être seul.. de mettre du calme dans mes idées, et de triompher du trouble de mes sens... Dans une heure, tu viendras me rejoindre dans mon appartement ; j'y serai... Je ne puis t'en dire davantage. Adieu... (*Il sort.*)

SCÈNE XI.

OSMIN, ALI, *ensuite.*

OSMIN.

Je saurai te contraindre à baigner ta main dans le sang de ton indigne favori !.. J'ai deviné ses projets ; les chrétiens sont perdus ! Ah ! c'est toi, cher Ali, viens partager ma joie ; Ibrahim furieux, désespéré, va devenir lui-même l'instrument de ma vengeance.

ALI.

Je l'ai rencontré au sortir d'ici, pâle, égaré ; sa marche tremblante, incertaine. m'a fait présager quelles seront les suites du trouble qui l'agite.

OSMIN.

Bientôt je dois aller le rejoindre ; n'en doute pas, son courroux va me désigner Almanzor pour première victime. Sa patience est lasse enfin de l'opiniâtreté des chrétiens ; rien n'a pu le fléchir, et leur perte est résolue ! Mais, dis-moi, as-tu rempli la mission importante que j'ai confiée à ton zèle !

ALI.

J'ai couru chez tous nos amis ; je les ai prévenus de ta part que de grands événemens se préparaient, et que tu n'attendais que l'occasion favorable d'employer utilement leur courage et leur adresse. Ils m'ont répondu que tu étais leur sauveur, et qu'ils étaient prêts à sacrifier à ta voix, leurs richesses et leur vie ; leur impatience égale au moins la tienne ; commande ; au premier signal, tu les verras voler sur tes traces et se montrer fiers de t'obéir.

OSMIN.

J'en étais sûr. Ali, voilà quels sont mes desseins : quelques mots échappés à Ibrahim, m'ont donné la certitude de la pu-

nition qu'il médite ; les Chevaliers ne peuvent éviter la con-
damnation qui plane sur leurs têtes ; crois-en mes pressenti-
mens , leur supplice s'apprête ; et peut-être avant le fin du
jour , ils auront vécu ! Je veux repaître ma rage du seul tableau qui puisse effacer le sanglant souvenir de mes outrages !... Le cœur d'Ibrahim n'est pas fait pour s'élever au-desus
du vulgaire ; à peine les bourreaux auront-ils frappé qu'il se
repentira d'avoir cédé au premier mouvement d'une aveugle
colère ; il s'accusera d'un crime , il versera des larmes , il
fuira ce palais inondé du sang de ses ennemis ; je ne le
quitterai point ; je profiterai de ce moment de trouble et de
confusion pour l'entraîner hors de ces lieux , et le soustraire
à la surveillance de ses gardes. Les conjurés , réunis auprès de
la grande mosquée , seront armés et attentifs à mon appa-
rition ; Ibrahim me suit , je le livre à leur fureur , il tombe
percé de coups !... Je reviens à la tête de nos braves , m'emparer du palais , et massacrer sans pitié tout ce qui s'oppo-
sera à notre passage ; on cède à nos efforts , le succès couronne mon audace , je suis proclamé roi , et je jouis enfin
du prix glorieux de mes travaux !

A L I.

Tout ceci est merveilleusement conçu ; il ne fallait rien
moins qu'une circonstance pareille , pour t'offrir la possibi-
lité d'assurer l'exécution de ton entreprise.

O s m i n.

Je sais qu'Ibrahim, toujours entouré de ses officiers, aurait
pu se dérober long-tems encore aux coups que je lui destine.
Mais tôt ou tard j'aurais fait naître l'occasion qui se présente
et dont il faut profiter.

A L I.

C'est mon avis , évitons qu'elle nous échappe.

O s m i n.

C'est impossible !

A L I.

Qui peut répondre des événemens ?

O s m i n.

Celui qui sait les maîtriser.

A L I.

Si les chrétiens allaient céder aux vœux d'Ibrahim.

O s m i n.

N'importe , ils périront tous.

A L I.

Je voudrais déjà que tout cela fut fini.

O s m i n.

Que crains-tu en partageant ma fortune ?

A L I.

Que sait-on ! si nous allions échouer...

O s m i n.

Ce poignard me délivrerait de la honte d'avoir succombé.

A l i.

Et je serais empalé sans autre forme de procés.

O s m i n.

Pour tout obtenir il faut tout hasarder... Ali, le désespoir
et les charmes d'Almaïde ont un dangereux pouvoir sur les
cœurs; il se pourrait qu'elle triomphât de la résolution de
son époux... Évite qu'elle vienne en ces lieux; suppose un
ordre de son frère, qui lui défend d'approcher des prisonniers.

A l i.

Je n'oserai jamais...

O s m i n.

Je me charge de tout... Adieu; je vais attendre l'instant
que m'a prescrit Ibrahim; je reviendrai t'apprendre s'il faut
suivre nos premiers projets, ou s'il faut en imaginer de
nouveaux. (*Il sort.*)

SCÈNE XII.

A L I *seul.*

Tout cela est fort bon, mais je ne suis pas trop rassuré.
Que faire maintenant! je me suis trop avancé pour reculer,
et d'ailleurs si je renonçais à le servir, Osmin serait capable de m'envelopper dans la proscription... C'est un diable
que cet Osmin!.. Ma foi, d'un côté ou d'un autre je vois les
mêmes dangers; il vaut encore mieux m'en tenir aux premiers... Par Mahomet! je ne me croyois pas si peu de fermeté... Ah! pauvre Ali, je crois que la place de Cadi te coûtera
bien cher...

SCÈNE XIII.

ALMAIDE, ALI.

A l m a ï d e.

E'oigne-toi.

A l i.

Madame, mon devoir me retient ici... J'ai même reçu
l'ordre de vous empêcher d'y pénétrer...

A l m a ï d e.

Qui t'a donné cet ordre!

A l i.

Le Roi.

A l m a ï d e.

Tu me trompes!...

A l i.

Madame...

ALMAÏDE.

Retire-toi, te dis-je, et viens m'avertir dés que quelqu'un s'avancera vers ces lieux.

ALI.

Je serais puni...

ALMAÏDE.

Esclave, obéis à la sœur de ton maître !

ALI.

Il suffit... (*à part.*) Elle m'a tout interdit... Je ne sais plus que lui répondre. Allons-nous-en, c'est le meilleur parti. (*il sort.*)

SCÈNE XIV.

ALMAIDE, ISIDORE.

ISIDORE.

C'est vous, Madame ? quel espoir vous ramène ici ?

ALMAÏDE.

Peux-tu le demander à la tendre Almaïde ? Cette prison renferme ce que j'ai de plus cher au monde ! puis-je me plaire sous les lambris dorés, tandis que mon époux gémit dans cette affreuse retraite ? Je puis en parler avec toi, je puis te confier mes chagrins ; tu es le seul mortel sensible à ma douleur. Daigne dissiper ma mortelle inquiétude ; as-tu plaidé la cause de l'amour et de la nature ? le grand Maître se laissera-t-il attendrir par les regrets d'une mère éplorée ?

ISIDORE.

S'il portait un cœur comme le mien, tous vos maux seraient finis.

ALMAÏDE.

C'est me dire qu'il est inflexible !

ISIDORE.

J'ai parlé avec cette éloquence persuasive qu'inspirent la justice et l'humanité ; rien n'a pu le détourner de son invariable résolution : Edouard, m'a-t-il dit, se doit tout à sa patrie ! il me suivra, ou nous tomberons ensemble sous le glaive d'Ibrahim ! Enfin, j'ai employé le dernier moyen qui me restait pour vaincre sa farouche résistance : j'ai réussi. Que votre frère consente à leur rendre la liberté, il ne tiendra qu'à vous, belle Almaïde, de suivre votre époux...

ALMAÏDE.

Qu'entends-je ? il se pourrait...

ISIDORE.

En vous soumettant à une condition, que vous rejeterez, peut-être...

ALMAÏDE.

Parle, laquelle ?

ISIDORE.

Je crains votre refus...

(46)

ALMAÏDE.

Rien ne peut me retenir ; achève, je t'en conjure...

ISIDORE.

Devenez chrétienne... Edouard est à vous.

ALMAÏDE.

Quoi ! c'est là ce qu'on exige de moi ?

ISIDORE.

Vous gardez le silence...

ALMAÏDE.

Chrétien, j'appris de bonne heure à respecter la vertu, quelle que soit la croyance de ceux qui la pratiquent ; les maximes de ton auguste religion ont pénétré mon cœur de crainte et d'admiration. Il m'eût été doux de servir le Dieu d'Almanzor ; mais un obstacle invincible s'oppose à jamais à ce que j'abjure la loi de mes ancêtres ; je porterais la mort dans le sein de mon frère, de ce frère qui a pris soin de ma jeunesse, qui m'a prodigué les preuves de la plus touchante amitié. Déjà il a bravé pour moi les volontés du Prophète, en m'unissant à Almanzor ; penses-tu qu'il souscrive à ce second sacrifice ! Ah ! je te le dis avec regret, s'il n'est que ce moyen d'assurer mon bonheur, il faut y renoncer, et abandonner la triste Almaïde à son horrible destinée !...

ISIDORE.

Je ferai tout pour l'adoucir ; allons, Madame, du courage ; ne vous laissez point abattre par l'infortune. Isidore a juré de vous être utile, il sera fidèle à ses sermens !

ALMAÏDE.

Tu es mon unique espérance !

SCÈNE XV.

ALMAIDE, ISIDORE, ALI, (*accourant.*)

ALI.

Je viens vous avertir, Madame, que deux hommes que je n'ai pu reconnaître, dirigent leurs pas de ce côté.

ALMAÏDE.

C'est Ibrahim, peut-être ! Je veux éviter ses regards...

ISIDORE.

Suivez-moi ; on ne pourra vous découvrir...

ALMAÏDE.

Je vais embrasser mon époux !... (*ils rentrent.*)

ALI.

Ce sera peut-être la dernière fois... Orgueilleuse princesse, je commanderai à mon tour.

SCÈNE XVI.

OSMIN, ALI, IBRAHIM, (*déguisé en esclave noir ; il porte une coupe pleine de poison. A un signe d'Osmin, il reste dans le fond du théâtre.*)

OSMIN, *tirant Ali à part.*

Ali , tout ce que j'ai prévu arrive en effet... Tout à l'heure je suis entré dans l'appartement d'Ibrahim , où je n'ai trouvé que cet esclave qui m'a remis ce billet ; écoute : (*il lit.*) « Osmin, qu'Almanzor périsse à l'instant même « consumé par le poison ; telle est la volonté d'Ibrahim. »

ALI.

Je n'en reviens pas...

OSMIN.

Tout est prêt... Le tems est précieux ; ne laissons pas à Ibrahim le moment de la réflexion. Va , préviens Almanzor que je l'attends pour lui parler au nom du Roi.

ALI.

Almaïde est près de lui.

OSMIN.

Almaïde ?

ALI.

Je n'ai pû l'en empêcher.

OSMIN.

N'importe ; retiens-la jusqu'au moment où sa présence sera nécessaire en ces lieux.

ALI.

Je t'entends ; compte sur moi (*il rentre.*)

OSMIN.

Cachons l'excès de ma joie : il n'est pas tems encore de la faire éclater... O fortune ennemie ! j'humilie ma fierté , je dissimule ma rage pour obtenir tes faveurs ; paye-moi de tous les sacrifices que je te fais !... Il vient... Silence !...

SCÈNE XVII.

OSMIN, EDOUARD, IBRAHIM *déguisé.*

EDOUARD.

Cher Osmin, que viens-tu m'annoncer ?

OSMIN, *avec une feinte douleur.*

Ne m'interrogez pas...

EDOUARD.

Qu'ai-je à redouter encore ?

OSMIN.

Vous voyez cet esclave...

EDOUARD.

Eh bien ?

OSMIN.

Il faut mourir...

EDOUARD.

Qu'entends-je ? Ibrahim...

OSMIN.

A prononcé votre arrêt ; le poison doit terminer vos jours.

EDOUARD.

Voilà donc le sort qu'il réservait à son ami !

OSMIN.

Croyez qu'il en coûte à mon cœur de remplir cet ordre barbare !

EDOUARD.

Je le reçois avec calme et tranquillité. La mort est le dernier bienfait que je puisse attendre d'Ibrahim ; je suis prêt.

OSMIN.

Affreux moment !..

EDOUARD.

Parle plus bas... Almaïde est là... elle pourrait nous entendre ; qu'elle ignore, s'il est possible, sa perte et mon supplice.. Puisqu'Ibrahim me refuse jusqu'à la douceur de lui adresser mes derniers adieux, dis-lui que je lui pardonne mon trépas, et que j'emporte dans la tombe le souvenir ineffaçable de ses bienfaits et de son amitié... Il fut peut-être trop sévère pour un infortuné plus à plaindre que coupable ; j'ose croire qu'il me rendra toute la justice que j'ai méritée, et que ses larmes et ses regrets honoreront ma mémoire... Grand Maître, et vous, illustres Chevaliers, Edouard va réparer sa faute, et vous donner l'exemple du courage et de la fermeté !. (*A Ibrahim.*) Approche. (*Ibrahim descend et lui donne la coupe.*) Ta main tremble ! esclave, un Français va t'apprendre à mourir... (*Il s'agenouille.*) Dieu de clémence et de paix, je t'offre ce sacrifice en expiation de mes erreurs ; daigne jeter sur ta créature un regard de bonté ; je n'espère plus qu'en toi ; puisse mon repentir éteindre la foudre dans ta main.. Mourons !..

(Il se lève et porte la coupe à sa bouche ; Ibrahim fait un mouvement terrible ; soudain les cris d'Almaïde se font entendre ; Edouard s'arrête, et Osmin se retourne avec violence.)

SCÈNE XVIII.

ADRIEN, EDOUARD, IBRAHIM, ALMAÏDE, ISIDORE, OSMIN, ALI, ALBERT, Chevaliers.

ALMAÏDE.

Laissez-moi ! laissez-moi !..

ADRIEN.

Que vois-je ?

ISIDORE.

ISIDORE.

Grand dieu !

ALMAÏDE.

La mort ! le ciel ne me trompait pas !..

EDOUARD.

Fuyez , Almaïde... (*Il porte la coupe à sa bouche.*)

ALMAÏDE , *tombant à ses pieds.*

Arrête , barbare !..

EDOUARD.

Ibrahim veut que je meure !..

IBRAHIM , *se découvrant et lui arrachant la* coupe.

Il veut que tu vives !..

TOUS.

Ciel ! ! !...

IBRAHIM , *à Edouard.*

Ta vertu a triomphé de ma colère... J'ai voulu voir si ce que tu appelles ton devoir t'était plus cher que la vie... Je suis satisfait...Tu dois me détester , et je suis plus à plaindre que toi... Je suis un monstre en horreur à moi même ! Chrétiens ne me haïssez pas , ne jugez pas Ibrahim sur les funestes effets de son imagination brûlante... Vivez, soyez libres ; je vous rends tous vos droits , et je laisse à votre générosité le soin de mériter la mienne : adieu !..

(*Il sort : tous les personnages en exprimant les différens sentimens qui doivent les agiter, le suivent des yeux.*)

(*Le rideau tombe sur ce tableau.*)

Fin du second Acte.

ACTE III.

(*Le théâtre représente le même décor qu'au premier acte. A gauche du Spectateur une table et des fauteuils.*)

SCÈNE PREMIÈRE.

OSMIN, ALI.

OSMIN.

Conçois-tu , cher Ali , toute la bizarrerie d'une pareille aventure ! J'ai peine à revenir de ma surprise...

ALI.

Je t'en offre autant ; qui diable se serait douté que sous e costume de cet esclave noir , Ibrahim se trouverait là ustement pour empêcher à son ami de prendre le poison!

G

O s m i n.

Et je n'ai pas même supçonné cette ruse !

A l i.

De plus fins que toi y auraient été pris.

O s m i n.

Les éclats de la foudre m'eussent causé moins de terreur...
Que je suis heureux d'avoir dissimulé, dans cette circonstance
imprévue, la secrète joie que j'éprouvais en contemplant
mon ennemi sur les bords de la tombe ! J'aurais perdu sa
confiance et celle d'Ibrahim ; je les ai trompés tous deux, et
je puis les tromper encore.

A l i.

Qu'espérer maintenant que les chrétiens sont libres, qu'on
leur à rendu leurs armes, et que tout semble avoir adouci
pour eux la fureur d'Ibrahim ?

O s m i n.

Ils ne jouiront pas long-tems de cette faveur ; elle n'est que
passagère ; et tandisqu'ils se livrent avec sécurité à ce calme
apparent, l'orage gronde sur leurs têtes ; je veille pour épier
leurs moindres démarches, et leur prêter des intentions que
je saurai trouver criminelles. Je profiterai, en homme habile,
de l'inconstante variété du caractère d'Ibrahim ; une calomnie
adroite me suffira pour le porter à briser l'idole qu'il ado-
rait hier ; une victime m'échappe, eh ! bien, je me console
par l'espoir d'en frapper un plus grand nombre.

A l i.

Si tous nos projets avortent dès leur naissance, je ne vois
pas trop comment nous viendrons à bout d'opérer ces grands
changemens ; nos amis peuvent se lasser d'attendre une
occasion que l'état actuel des choses semble éloigner de
plus en plus ; tiens, à te parler franchement, je crois que
nous ne ferions pas mal de renoncer...

O s m i n.

Après cinq années de travaux et de persévérance ! parle-
moi plutôt de renoncer à la vie !.. eh quoi, à l'aspect d'un
léger revers, tu crains de poursuivre la carrière épineuse
dans laquelle nous nous sommes engagés ? quand l'homme
ferme s'est proposé un but, il doit l'atteindre ou périr. Qu'a-
vons nous à redouter ? les chrétiens sont libres, Ibrahim cé-
dant à sa faiblesse et à sa lâcheté, a pu s'avilir jusqu'à leur
pardonner ! eh bien, c'est à nous à les punir ; c'est nous que
le prophète a choisis pour être les instrumens de sa colère,
et renverser le trône d'un indigne Musulman !

A l i.

Nous ne pouvons pas sortir de là ; ou le trône, ou le
cordon, il faut choisir : je sens toute la force de ton rai-
sonnement.

O s m i n.

Hâte-toi d'aller prévenir les conjurés du retard survenu
dans l'exécution ds nos desseins ; tu peux leur dire avec
assurance qu'ils aient à se tenir prêts, et que la nuit ne pas-
sera pas, sans que j'aie moi-même d'heureuses nouvelles à
leur porter.

A l i.

J'y cours... Voici le grand Maître et son neveu...

O s m i n.

Il suffit : laisse-moi avec eux.

SCÈNE II.

ADRIEN, EDOUARD, OSMIN. (*Les Chevaliers ont
leurs armes.*)

O s m i n, *à Edouard.*

C'est vous, Seigneur ; je vous revois, vous êtes libres !
que cet instant a de charmes pour Osmin ! Je n'ai pas besoin
de vous dire tout ce que j'ai souffert en exécutant l'ordre
cruel dont Ibrahim m'avait chargé ; mais la providence n'a
pas permis que la vertu succombât sous les efforts d'une in-
juste colère. Ah ! Seigneur, respectable chef des chrétiens,
combien Ibrahim est coupable à mes yeux !..

E d o u a r d

Il faut le plaindre, Osmin, et ne pas l'accuser.

A d r i e n.

Tu prends sa défense, après ce qu'il vient de tenter ?

E d o u a r d.

Ah ! mon oncle, si vous le connaissiez comme moi, vous
excuseriez en lui la fougue d'une ame ardente, mais noble
et généreuse ; il vient de vous en donner une preuve en bri-
sant vos fers et ceux des Chevaliers ; croyez qu'il rougit
maintenant d'avoir trop écouté les premiers mouvemens de
sa douleur ; vous ne pouvez lui refuser votre estime.

A d r i e n.

Il n'a pas fait encore tout ce qu'il faut pour la mériter.

E d o u a r d.

Tout me fait présager qu'il achèvera de s'en rendre digne.

A d r i e n.

Puisses-tu dire vrai !

O s m i n.

Vain espoir ! ne vous laissez point séduire par cette lueur
trompeuse. Ibrahim a pu différer sa vengeance, mais c'est
pour mieux l'assouvir ; il ne souffrira jamais que vous abandonniez sa sœur.

E d o u a r d.

Elle suivra son époux.

(52)

Adrien.

Tu sais à quelle condition j'ai cédé à tes desirs ?

Edouard.

L'amour triomphera de la résistance d'Almaïde ; elle deviendra votre fille adoptive !

Osmin.

Si l'intérêt que vous m'inspirez était moins puissant, je ne chercherais point à vous faire entrevoir l'abîme dans lequel vous vous précipitez. Ibrahim, dites-vous, consentira à votre départ, à celui d'Almaïde ? détrompez-vous ; son repos, son bonheur s'opposent à un sacrifice dont il est incapable ; ce moment de calme et de repentir n'est qu'un voile trompeur qui lui sert à vous dérober les véritables motifs qui le font agir ; craignez ses perfides caresses ; hâtez-vous de prévenir les nouveaux dangers qui vous menacent, en échappant à un ennemi qui se déguise pour mieux vous frapper !

Edouard.

Osmin, oublies-tu que tu parles d'Ibrahim devant son ami ?

Osmin.

Pardonnez à mon zéle et à l'amitié qui m'entraîne à vous servir ; je vous le répète encore, vous marchez environné de soupçons et d'écueils ; un traître caché dans cette cour, médite sourdement votre perte.

Adrien.

Un traître !

Edouard.

Quel est-il ?

Osmin.

Vous le connaîtrez un jour ; je ne puis m'expliquer à présent et vous en dire davantage ; de quelque côté que je tourne ma vue, je ne vois pour vous que mensonges et trahisons ; profitez de la liberté qu'on vous donne, regagnez secrètement vos vaisseaux ; je vous offre mes secours ; ne perdez pas de tems, qu'une prompte fuite vous dérobe à l'outrage, à l'humiliation, que dis-je ! à la mort qui serait le prix de votre sécurité !

Edouard.

Quel langage ! est-ce Osmin que j'entends ?

Adrien.

Tu connais peu les Chevaliers de Malte, si tu as pu penser un instant qu'ils s'aviliraient à ce point. Si nous prenions honteusement la fuite, c'est alors qu'Ibrahim justement irrité, aurait le droit d'user envers nous d'une rigueur que nous devons surmonter par notre résignation et notre courage ; ma cause est légitime, il me suffit de l'exposer pour en montrer l'équité ; quelle que soit la volonté d'Ibrahim, je ne trahirai

point sa confiance ; je laisse à son cœur, que je crois magnanime, le soin de prononcer lequel de nous deux doit l'em-
porter sur l'autre.

EDOUARD.

Tu vois quels sont nos principes, Osmin ; rentre dans
toi-même, cesse de prêter à ton souverain des sentimens
qu'il ne connut jamais, et que le zèle qui t'anime se con-
tienne désormais dans les bornes du respect et de la soumis-
sion.

OSMIN.

J'ai parlé trop vivement, peut-être, mais le motif même
doit me servir d'excuse... Voici votre épouse.. Adieu, mon
devoir m'appelle, je vous quitte... (*Il sort.*)

SCÈNE III.

ADRIEN, EDOUARD, ALMAIDE.

EDOUARD.

Chère Almaïde, qu'il me tardait de te revoir !

ALMAÏDE.

J'ai volé vers toi, dès que j'ai pu abandonner mon frère ;
j'étais près de lui, j'achevais de rendre à son ame agitée le
calme dont elle a besoin, après une secousse aussi terrible!
Si tu savais comme il déteste sa fureur, combien il est pénétré de regrets ! j'ai vu des larmes couler de ses yeux atten-
dris ; je l'ai entendu se reprocher hautement la violence
qu'il s'était permise envers les chrétiens ; il brûle de réparer
ses torts, et tout me fait espérer qu'un plus doux avenir va
briller pour nous.

EDOUARD.

Le destin se lasserait de nous persécuter !

ADRIEN.

J'étais sûr qu'Ibrahim ne pourrait se résoudre à souiller
la réputation qu'il s'est acquise.

ALMAÏDE.

Tu juges bien de mon frère... Grand Maître, j'ai réfléchi
profondément à la proposition qu'on m'a faite de ta part ;
la tendresse que j'ai pour mon frère, l'exemple que je dois
à son peuple, mille raisons plus fortes les unes que les
autres, tout semblait devoir m'interdire la violation et l'ou-
bli d'une loi que je suivis dès mon enfance ; j'ai combattu
long-tems, partagée entre la crainte et l'espérance. Admire
ce que peut l'amour dans un cœur comme le mien : je serai
chrétienne... Oui, Almaïde embrasse avec joie les dogmes
sacrés d'une religion auguste et consolante ; si c'est à ce prix
que tu me permets de suivre mon époux, je tiendrai ma
promesse ; j'en fais le serment à la face du ciel qui punit les
parjures !

EDOUARD.

N'en doute plus, c'est lui qui t'inspire ! Eh ! Seigneur ; qui ne serait touché de cet élan sublime ?

ADRIEN.

Vous augmentez , madame, tous vos droits à l'intérêt que vous avez fait naître dans mon ame ; Almaïde chrétienne peut compter sur ma protection , et se reposer sur moi du soin de son bonheur ; je cède au pouvoir de la vertu : puisse Ibrahim souscrire à ce noble projet !

EDOUARD.

Cet obstacle sera pénible à surmonter !

ALMAÏDE.

J'ose me flatter de le vaincre... Je ne sais quel sentiment inconnu vient doubler mon courage, mais il me semble que rien ne peut s'opposer au désir qui m'enflamme. Ibrahim sera contraint d'obéir à la volonté suprème qui dirige mes actions... Cette séparation sera cruelle , sans doute, elle nous coûtera bien des pleurs ! hélas ! mon malheureux frère va se voir abandonné des seuls objets qui lui fesaient chérir la vie ! je serai loin de lui ; il ne recevra plus les caresses de son Almaïde !.. Promettez-moi que nous viendrons le voir souvent; j'ai besoin de cette assurance !..

EDOUARD.

Penses-tu que je puisse oublier tout ce qu'il a fait pour Edouard ?

ALMAÏDE.

Non , c'est impossible ! vous me consolerez de son absence... Ah ! qui m'eût dit qu'un jour la France deviendrait ma patrie ! Grand Maître , je réclame pour ma faiblesse ton appui protecteur ; dis que tu m'aimeras comme ta fille ; que tu guideras mes pas dans la nouvelle carrière qui va s'ouvrir devant moi. Va , je saurai te prouver que cette Félicie que tu me préférais , n'aurait jamais eu pour toi toute la tendresse et les soins dont je veux entourer ta vieillesse ; heureuse de vous consacrer mon existence, Edouard, mon fils et toi , disposerez de toutes les sensations de mon ame ! vous plaire , vous aimer , voilà ma loi , mon seul désir; enivrée d'amour et de félicité, je ne respire que pour vous chérir , et me livrer toute entière au sentiment impérieux qui me subjugue et m'entraîne vers vous !...

ADRIEN.

Mes enfans !... venez sur mon cœur !...

EDOUARD, *dans ses bras.*

Ah ! Seigneur ! Almaïde ! quel moment !..

ALMAÏDE.

Je ne vous quitterai plus !...

SCÈNE IV.

ADRIEN, EDOUARD, ALMAIDE, ISIDORE.

ISIDORE.

RESTEZ... Ce tableau délicieux a tant de charmes pour moi !...

ADRIEN, *à part.*

Pauvre Félicie !

ALMAÏDE, *à Isidore.*

Viens partager ma joie ; Almaïde est au comble de ses vœux !

ISIDORE.

Vous n'obtenez que la récompense qui vous est due... (*à Adrien.*) Seigneur, je viens vous avertir de la part d'Ibrahim, qu'il vous attend avec impatience, et vous fait demander l'honneur de lui accorder un entretien.

ADRIEN.

Je vais m'y rendre à l'instant.

ALMAÏDE.

Je vais te conduire près de lui, et attendre une occasion favorable pour l'instruire de ma résolution et la lui faire approuver. Sois tranquille, Edouard, je réussirai... Adieu.
(*Elle sort avec Adrien.*

SCÈNE V.

EDOUARD, ISIDORE.

ISIDORE, *à part.*

ENFIN, nous sommes en tête-à-tête...

EDOUARD, *à part.*

Que lui dire ?

ISIDORE. *idem.*

Je suis vraiment embarrassée...

EDOUARD, *idem.*

Il faut pourtant que je lui parle...

ISIDORE, *idem.*

O ma gaîté ! viens à mon secours !..

EDOUARD, *avec effort.*

Isidore...

ISIDORE, *gaiement.*

Edouard.

EDOUARD.

Vous connaissez le projet d'Almaïde ?..

ISIDORE.

J'en suis le premier auteur.

EDOUARD.

Elle consent à tout.

ISIDORE.

Vous m'en voyez ravi !

EDOUARD.

Et c'est à vous que je dois cet heureux changement !

ISIDORE.

Pourquoi pas ?...

EDOUARD.

Vous, dont je devais épouser la sœur !

ISIDORE.

N'en parlons plus.

EDOUARD.

De quel œil me verra-t-elle ?

ISIDORE.

Comme je vous vois maintenant.

EDOUARD.

Isidore, votre franchise entraîne la mienne ; soyez mon
ami...

ISIDORE.

Ce titre m'honore ; vous avez lu dans mon cœur.

EDOUARD.

J'aurais voulu vous connaître plutôt.

ISIDORE.

Et moi aussi.

EDOUARD.

Vous ne blâmez pas ma conduite !

ISIDORE.

Je la blâmerais, si vous abandonniez Almaïde.

EDOUARD.

Je n'eus jamais cette coupable pensée.

ISIDORE.

Elle serait indigne de vous.

EDOUARD.

Comment trouvez-vous mon épouse ? Sa beauté...

ISIDORE.

Séduisante.

EDOUARD.

Ses grâces...

ISIDORE.

Simples et naturelles.

EDOUARD.

Ses vertus...

ISIDORE.

Je leur rends hommage.

EDOUARD.

Et sa tendresse pour moi ?...

ISIDORE.

ISIDORE.

J'en serais presque jaloux.

EDOUARD.

Je suis donc excusable ?

ISIDORE.

Qui dirait le contraire ?

EDOUARD.

Votre aimable sœur , peut-être.

ISIDORE.

Détrompez-vous.

EDOUARD.

Elle habite l'île de Malte ?

ISIDORE.

Depuis trois ans.

EDOUARD.

Elle verra mon Almaïde ?

ISIDORE.

Je la lui présenterai.

EDOUARD.

Quelle situation !

ISIDORE.

Elle sera neuve.

EDOUARD.

Serai-je pardonné ?

ISIDORE

Vous l'êtes déjà.

EDOUARD.

Quelle femme est donc votre sœur ?

ISIDORE.

Elle est d'un caractère assez original ; qui la voit, me voit ;
qui l'entend , m'entend ; c'est absolument la même chose.

EDOUARD.

Combien vous me rassurez !

ISIDORE.

Allons, reprenez toute votre énergie, oubliez des chagrins
passagers , pour ne plus vous occuper que du bonheur dont
vous allez jouir.

EDOUARD.

Cher Isidore, embrassons-nous ! ..

ISIDORE, *l'embrassant.*

C'est avec un plaisir bien vif !...

EDOUARD.

Jurons dès cet instant que la mort seule pourra nous
séparer !...

ISIDORE.

J'en fais le serment ; Isidore sera toujours votre ami, votre
frère d'armes !

H

ÉDOUARD.

Nous combattrons ensemble les ennemis de notre patrie :
amitié, secours et protection, à la vie et à la mort !..

ISIDORE.

Dieu nous entend ; qu'il nous punisse, si nous devenons
parjures !...

ÉDOUARD.

Venez, allons ensemble rejoindre les Chevaliers de Malte,
et leur faire part du nouvel espoir qui nous est permis.

(*Ils sortent en se tenant sous les bras. Au même instant
Ibrahim paraît, il s'arrête au milieu de la scène et les
regarde sortir. Il a l'air sombre et agité.*)

SCÈNE VI.

IBRAHIM, OSMIN.

IBRAHIM, *regardant.*

C'est lui ! Le perfide ! il fuit ma présence, il craint que
je lise son crime dans ses yeux !... (*il se jette dans un
fauteuil.*)

OSMIN.

Vous avez trop enhardi son audace et celle des chrétiens ;
j'ai prévu les suites de votre clémence indiscrète.

IBRAHIM.

Osmin, tu ne m'abuses pas... tu as entendu cet abo-
minable complot ?

OSMIN.

J'en frémis encore d'indignation et d'horreur ! Oui, Seigneur, au moment où vous leur rendiez leurs armes, les
traîtres méditaient une fuite coupable : profitons, disaient-
ils, de la liberté que nous laisse l'imprudence d'Ibrahim ;
quittons ces bords à la faveur des ombres de la nuit et pro-
tégés par le mystère ; abandonnons un barbare qui nous outrage, et laissons-le seul exhaler sa rage impuissante !

IBRAHIM.

Les lâches !...

OSMIN.

J'ai feint d'être séduit par les promesses d'Edouard ; les
chrétiens me croient leur complice ; je leur ai promis de
m'employer pour assurer l'exécution de leurs desseins, afin
de vous en prévenir et de les déjouer avec plus de facilité.
C'est à minuit qu'ils doivent quitter le palais, et gagner leurs
vaisseaux qui seront prêts à mettre à la voile.

IBRAHIM.

Devais-je m'attendre à cette indignité !.. Il n'y a qu'un
instant que j'ai quitté le grand Maître ; je lui ai tendu la
main, je lui ai demandé pardon d'avoir cédé au courroux le

plus légitime ! le calme était sur son front, la franchise et la persuasion semblaient dicter ses discours ; il me trompait !.. O ciel ! à quels mortels se fier désormais !..

O s m i n.

Aux fidèles serviteurs, qui comme moi sont prêts à sacrifier leur vie pour votre service.

I b r a h i m.

Osmin, compte sur ma reconnaissance et mes bienfaits...

O s m i n.

Qu'ordonnez-vous sur le sort des chrétiens ?

I b r a h i m.

Cours, qu'ils soient chargés de fers ; qu'ils périssent dans les tourmens !... Non ; arrête... Je veux qu'ils ignorent que je suis instruit de leur infâme trahison ; je veux être témoin de leur criminelle audace! Ils nieraient peut-être ton accusation ; je veux les surprendre au moment de leur fuite, et avant de faire éclater ma vengeance, acquérir la preuve certaine de leur exécrable perfidie !...

O s m i n.

Craignez qu'ils vous échappent.

I b r a h i m.

C'est à minuit, dis-tu, qu'ils ont fixé l'instant de leur évasion !

O s m i n.

Je dois leur servir de guide.

I b r a h i m.

Tiens ta promesse ; et prolonge jusqu'au bout cette feinte nécessaire.

O s m i n.

Je ne conçois pas...

I b r a h i m.

Je serai seul dans mon appartement; là, je pourrai tout voir, tout entendre ; je paraîtrai quand il en sera tems. Va, que la garde du palais soit doublée ; que cent janissaires entourent en silence les murs du sérail, et que tout chrétien qui serait tenté de fuir, soit à l'instant même frappé du coup mortel !

O s m i n.

· Reposez-vous sur moi; pour plus de sûreté, je vais introduire un détachement de vos gardes dans les jardins ; je leur assignerai moi-même leur poste ; et au premier signal, les Chevaliers seront investis de toutes parts.

I b r a h i m.

Bien ; je m'en rapporte à ta prudence.

O s m i n.

Je fais une réflexion : l'intendant du palais ignorant votre volonté, refusera peut-être l'entrée des jardins à vos soldats.

IBRAHIM.

Dis que je le veux.

OSMIN.

Il suffit.

IBRAHIM.

La nuit commence à tomber; hâte-toi; tu n'as pas un instant à perdre.

OSMIN, *à part en sortant.*
J'ai réussi ! courons chercher nos braves amis.

SCÈNE VII.

(*Ici la nuit tombe peu à-peu.*)

IBRAHIM.

Ah ! je suis plus tranquille... Ingrats ! c'est en vain que vous vous êtes flattés de payer ma confiance par l'astuce et le mensonge !... Vous ne pouvez éviter l'abime que je viens de creuser sous vos pas... Edouard ! Edouard, qui m'eût dit que tu trahirais ton bienfaiteur et ton meilleur ami !.. Toi que j'avais cru jusqu'à ce jour le modèle de toutes les vertus ! tu couvrais donc d'un voile imposteur les vices les plus honteux !... Quelle détestable furie a pu souffler dans ton sein cette haine que je ne conçois pas ! Malheureux Ibrahim ! maudit soit le jour où tu fus appelé à gouverner des humains... Ta douceur, ta clémence n'ont servi qu'à faire naître autour de toi la révolte et l'insolence !... Je serai tyran, puisqu'on me force à l'être !... Oui, cruels ennemis de mon repos, mon glaive se teindra de votre sang ! vous n'insulterez pas impunément au désespoir qui déchire mon cœur... Ah ! je succombe à l'excès de mes maux !..
(*Il se jette dans un fauteuil, et tombe dans un profond accablement.*)

SCÈNE VIII.

(*Il est nuit.*)

IBRAHIM, ALMAIDE.

ALMAÏDE. (*à part*)

Le voici ! Je tremble malgré moi... Qu'il m'en coûte de lui faire cet aveu !..

IBRAHIM, *brusquement.*
Qui vient ici ?

ALMAÏDE.
Ibrahim, c'est ta sœur...

IBRAHIM.
Que me veux-tu ?

ALMAÏDE.

Quel ton sévère !..

IBRAHIM.

Parle, je suis calme.

ALMAÏDE.

Tes regards me font frémir !..

IBRAHIM.

Parle, te dis-je ; tu n'as rien à craindre de ton frère.

ALMAÏDE.

Cher Ibrahim , j'ai besoin que ta bonté me rassure, qu'elle encourage un aveu pénible...

IBRAHIM.

De quoi s'agit-il donc ?

ALMAÏDE.

Du bonheur de ma vie entière !

IBRAHIM.

Je serai juste ; achève...

ALMAÏDE.

Edouard va partir...

IBRAHIM.

Qui te l'a dit ?

ALMAÏDE.

Ta clémence et ta générosité.

IBRAHIM.

Eh bien ?..

ALMAÏDE.

Tu ne voudras pas me séparer de mon époux ?..

IBRAHIM, *avec ironie.*

Il t'accordera donc la faveur de le suivre ?

ALMAÏDE.

Le grand Maître y consent..

IBRAHIM.

Une Musulmane...

ALMAÏDE.

Dis un mot , et je cesse de l'être ; je deviens chrétienne...

IBRAHIM

Toi ! Almaïde...

ALMAÏDE.

Ne me refuse pas cette grâce...

IBRAHIM.

Voilà le dernier coup qu'ils me réservaient!..

ALMAÏDE.

Je l'implore à genoux !..

IBRAHIM.

Et toi aussi, tu veux m'abandonner ?..

ALMAÏDE.

Tu vois mes larmes...

IBRAHIM.

Les lâches t'ont séduite...

ALMAIDE.

Mon cœur les a prévenus.

IBRAHIM.

O vengeance !

ALMAIDE.

Quel est leur crime ?

IBRAHIM.

Frémis de l'apprendre !

ALMAIDE.

On t'a trompé.

IBRAHIM.

Sœur ingratte, c'est toi qui m'as trompé ! va rejoindre tes Chrétiens, je ne te connais plus !

ALMAIDE.

Daigne m'entendre...

IBRAHIM.

Laisse-moi.

ALMAIDE.

Mon frère !..

IBRAHIM.

Crains de devenir ma première victime ! Je ne suis plus cet Ibrahim, vil jouet de l'audace et de la perfidie, je suis un souverain qu'on outrage, et qui saura punir ! Adieu.

ALMAIDE.

Je m'attache à tes pas...

IBRAHIM.

Je te le défends !

ALMAIDE.

Ibrahim !..

IBRAHIM, *la repoussant.*

Je suis ton maître !   (*Il sort.*)

ALMAIDE.

Je reste anéantie... Quelle fureur l'égare ! O mon dieu ! qu'allons-nous devenir ! ...

SCÈNE IX.

ALMAIDE, OSMIN.

OSMIN.

C'est vous, madame ?

ALMAIDE.

Cher Osmin, dissipez mon effroi ; Ibrahim vient de glacer mes sens d'épouvante et d'horreur ! il se plaint, il accuse, il parle de perfidie et de vengeance ! connaissez-vous la cause d'un changement qui m'étonne et me confond ?

OSMIN.

Je l'ignore.

ALMAÏDE.

Je cours en avertir le grand Maître et mon époux ; peut-être m'apprendront-ils le motif des nouveaux dangers qui nous environnent. Hélas ! c'est au moment où l'on croit saisir le bonheur, que son image fugitive échappe à notre espoir !

(*Elle sort.*)

SCÈNE X.

OSMIN, ALI.

OSMIN.

Le succès de ma ruse est certain.

ALI, *accourant.*

Ah! te voilà; je te cherche de tous côtés...

OSMIN.

J'ai fait beaucoup de choses depuis toi.

ALI.

Je m'en suis douté. Quels sont ces hommes cachés dans les jardins, et que je n'ai pu reconnaître à l'obscurité ?

OSMIN.

Ce sont nos amis.

ALI.

Vraiment?

OSMIN.

Eux-mêmes.

ALI.

Par quel prodige!

OSMIN.

J'ai supposé aux Chevaliers le projet de fuir ; Ibrahim furieux, m'a commandé de rassembler au sérail un grand nombre de soldats pour s'opposer à cette évasion ; j'ai profité adroitement de la circonstance que j'ai fait naître ; les conjurés couverts de longs manteaux, ont pénétré sans obstacle dans les jardins, où je les ai fait placer en attendant que je leur donne l'ordre de s'emparer du palais, et de massacrer les gardes d'Ibrahim qui sont peu nombreux.

ALI.

Par Mahomet ! je n'aurais pas mieux fait.

OSMIN.

Où est le Roi ?

ALI.

Dans son appartement.

OSMIN.

Il est seul ?

ALI.

Oui; je l'y ai vu entrer et fermer la porte après lui.

OSMIN.

C'est ce que je désire.

ALI.

Comment parvenir jusqu'à sa personne ?

OSMIN.

Par les croisées de son appartement...

ALI.

Elles donnent sur les jardins ; c'est vrai.

OSMIN.

Je m'y introduirai sans peine.

ALI.

Cela n'est pas sûr.

OSMIN.

Il n'est point d'autre issue.

ALI.

Attends... O mon bon génie ! c'est toi qui m'inspire cette idée !

OSMIN.

Quelle est-elle ?

ALI, *tirant une clef de son sein.*

Tu vois cette clef ?

OSMIN.

Après...

ALI.

C'est moi qui suis chargé de la remettre tous les soirs au capitaine des gardes ; prends-la ; je lui dirai que je l'ai égarée par mégarde.

OSMIN.

Heureux hasard !

ALI.

Elle ouvre l'appartement du Roi.

OSMIN, *la prenant.*

Je le sais, donne... Sa perte est assurée !

ALI.

Pour le coup, je serai Cadi.

OSMIN.

J'entends du bruit... On vient... Eloigne-toi ; va rejoindre mes braves, et sois prêt à paraitre avec eux au signal que je vous donnerai, dès qu'Ibrahim aura péri sous mes coups !

ALI.

Je me charge de les conduire.   (*Il sort.*)

OSMIN.

Je touche donc au moment qui va couronner le plus doux de mes vœux !.. On approche, silence !

SCÈNE.

SCÈNE IX.

ADRIEN, EDOUARD, ALMAIDE, OSMIN, Chevaliers.

EDOUARD.

Osmin, où est Ibrahim ? je veux le voir, lui parler, conduis-moi près de lui...

OSMIN.

Que dites-vous, Seigneur ! Ah ! craignez de vous exposer à la fureur qui la possède.

IBRAHIM.

Quelle peut en être la cause ?

OSMIN.

Vous, le grand Maître et les Chevaliers.

ADRIEN.

De quoi nous accuse-t-on !

OSMIN.

Ibrahim s'obstine à le taire.

ADRIEN.

Nous sommes innocens.

EDOUARD.

Je pénétrerai ce mystère d'iniquité. Encore une fois, je veux voir mon ami !..

ADRIEN.

Viens, Edouard, nous saurons le découvrir...

OSMIN.

Arrêtez !.. Puisque les conseils de la prudence ne peuvent rien sur vous, vous serez satisfaits : mais permettez-moi de vous annoncer au roi, et de lui demander pour vous la faveur d'un entretien ; il est dans son appartement, et se livre sans doute au repos ; je cours m'assurer s'il peut vous recevoir...

EDOUARD.

J'y consens.

OSMIN, *en sortant.*

Vous ne le reverrez plus !..

SCÈNE XII.

ADRIEN, EDOUARD, ALMAIDE, Chevaliers.

ALMAÏDE.

Puisse Ibrahim vous écouter avec tranquillité.

ADRIEN.

Il entendra la voix de la raison.

ALMAÏDE.

Jamais son aspect ne m'inspira tant d'effroi !

EDOUARD.

Il n'est qu'abusé sans doute ; quelqu'un cherche à nous perdre dans son esprit.

I

ADRIEN.

Où est Isidore ? pourquoi n'est-il pas près de nous ?

EDOUARD.

Craindriez-vous...

ADRIEN.

Tout de son imprudence et de sa légèreté. Je le connais ;
rien n'est capable de lui en imposer ; peut-être son indiscrète franchise aura-t-elle blessé le cœur d'Ibrahim.

EDOUARD.

Nous l'apprendrons bientôt ; mais je ne puis le croire.

ALMAÏDE.

Cet intéressant jeune homme a trop de vertu pour avoir
excité le courroux de mon frère.

ADRIEN.

Son absence m'inquiète.

EDOUARD.

Je vais le faire chercher...

ALMAÏDE.

J'entends du bruit...

EDOUARD.

C'est Osmin !...

SCÈNE XIII.

ADRIEN, EDOUARD, ALMAÏDE, OSMIN, Chevaliers.
(*Osmin pâle et égaré , entre le poignard à la main.*)

OSMIN.

Oui ; c'est moi !..

EDOUARD.

Que viens-tu nous annoncer ?..

OSMIN.

Que ma vengeance est remplie !..

EDOUARD.

Que dis-tu ?

OSMIN.

Regarde ce poignard...

ALMAÏDE.

Grand Dieu !

OSMIN.

Il est teint du sang de ton frère !..

ADRIEN.

Ibrahim !...

OSMIN.

N'est plus !..

EDOUARD.

Tu l'as assassiné !

OSMIN.

Oui ; tremblez à votre tour !..

ALMAÏDE, *tombant dans un fauteui.*

Je meurs !..

EDOUARD, *tirant son épée.*

Monstre, tu n'échapperas pas à ma fureur !..

OSMIN.

A moi ! paraissez, dignes amis !..

SCÈNE XIV.

ADRIEN, EDOUARD, ALMAIDE, OSMIN, ALI, Chevaliers, troupe de conjurés.

(Ali, à la tête des conjurés, se précipite sur la scène ; les conjurés sont armés de lances et de sabres. Plusieurs portent des torches enflammées. La scène s'éclaire tout-à-coup.)

EDOUARD.

Que vois-je?

OSMIN.

Ta perte, et mon triomphe ! Toute résistance est inutile : amis, reconnaissez en moi le successeur d'Ibrahim ! cette main vient de lui arracher son odieuse existence ; je vous ai délivré de la honte ; faites éclater votre joie ! et rendez hommage à votre nouveau maître !..

EDOUARD.

Où suis-je? et qu'ai-je entendu!..

ADRIEN.

Scélérat! quel crime épouvantable!

OSMIN.

Chétiens, vous êtes en ma puissance, c'est vous dire assez quel sera votre sort... Edouard, tu suivras ton ami dans la tombe ; éternel ennemi de ma gloire et de mon repos, frémis de te voir en proie à mon inflexible haine !..

EDOUARD.

Je la brave !..

OSMIN.

Tu vas périr !

ALMAÏDE.

Je défendrai ses jours !..

OSMIN, *à Almaïde.*

Retire-toi, perfide !

ADRIEN, *tirant son épée.*

C'en est trop ; Chevaliers, que ces lâches soient punis !..

EDOUARD.

Vengeons Ibrahim! combattons jusqu'au dernier soupir!..

(Les Chevaliers tirent leurs épées et s'avancent sur les conjurés qui font un mouvement.)

OSMIN.

Vain espoir ; tombez tous à mes pieds !..

SCÈNE XV.

ADRIEN, EDOUARD, ALMAIDE, OSMIN, ALI, IBRAHIM, Chevaliers, Conjurés, Janissaires.

IBRAHIM, *paraissant tout-à-coup, suivi des janissaires.*

Traître ! c'est aux miens qu'il faut tomber !..

TOUS.

C'est lui ! ! ! ...
(*Les janissaires enveloppent les conjurés.*)

OSMIN.

Qui donc ai-je frappé ?...

IBRAHIM.

Un esclave mis à ma place, a trompé ta rage homicide.

ALMAÏDE.

Mon frère !...

EDOUARD.

Mon ami !...

ADRIEN.

La providence veillait sur toi.

IBRAHIM, *il tire des tablettes de son sein.*

Apprenez à quel prodige je dois ma conservation : je venais de rentrer dans mon appartement pour y chercher un repos qui me fuyait ; je m'approche d'une croisée qui donne sur les jardins, pour y respirer un air libre et pur, soudain ces tablettes, lancées par une main adroite, viennent tomber près de moi ; je les ramasse, et je lis ces mots tracés à la hâte : (*il lit.*) « Ibrahim, tes jours sont menacés ; tu es » entouré d'assassins ; et leur chef, le perfide Osmin, doit » cette nuit même te porter le coup mortel ; tu peux les pré- » venir ; il en est tems encore ! » Jugez de ma surprise à la lecture de ce billet mystérieux ! Long-tems je balançai à croire une accusation qui révoltait mon cœur ; enfin le ciel m'inspira le projet de m'assurer de la vérité ; j'ordonne se- crétement qu'un esclave condamné au supplice, soit revêtu de mes habits et couché dans le lit que j'occupe ordinaire- ment ; l'obscurité favorise cette ruse !... Monstre ! j'ai vu ta main criminelle se plonger dans le sang de ce misérable ! J'étais près de toi, lorsque dans ta joie féroce, tu t'applau- dissais de m'avoir arraché la vie !.. Janissaires, que ce lâ- che et ses infâmes satellites, soient gardés à vue jusqu'au moment où ils subiront le supplice dû à leurs forfaits !...

OSMIN.

Je t'épargnerai ce soin... Je saurai mourir ! (*il se frappe ; on l'emporte.*)

A L I.

Je ne serai pas Cadi.
(*Les janissaires les entourent.*)

I B R A H I M.

Ah ! Chevaliers , combien je suis coupable ! trompé par
les noires calomnies de ce vil imposteur , je vous accusais
de trahison , tandis que votre grandeur brillait dans tout son
jour ! Vous vouliez me venger... Quelle leçon pour moi !

A D R I E N.

Ibrahim , c'est ainsi que se conduisent les Français.

I B R A H I M.

Grand Maître , je suivrai cet exemple... Edouard , ma
sœur , si le mortel généreux à qui je dois la vie vous est
connu , nommez-le-moi , qu'il reçoive la récompense qu'il a
droit d'attendre d'Ibrahim.

E D O U A R D.

Nous ignorons quelle main protectrice t'a fait parvenir
l'avis salutaire auquel nous devons le bonheur de te revoir
encore.

A L M A Ï D E.

C'est un chrétien, peut-être ?

I B R A H I M.

Oui , tu m'éclaires !... Mais quel que soit mon libérateur ,
il n'échappera pas à ma reconnaissance ; je le chercherai
moi-même. Chevaliers , c'est parmi vous qu'il se cache ,
sans doute ? ne me ravissez pas le plaisir de le voir ; je vous
le demande en grâce , quel est-il !...

S C È N E X V I, *et dernière.*

**ADRIEN, IBRAHIM, EDOUARD,
ALMAIDE , OSMIN , ALI , ISIDORE,**
Chevaliers , Janissaires.

I S I D O R E.

C'est moi...

E D O U A R D.

Isidore !

A D R I E N.

Mon cœur l'avait nommé.

I B R A H I M.

Viens , que je te presse sur mon sein !..

A L M A Ï D E.

C'est toi qui l'as sauvé ?...

I S I D O R E.

Le hasard avait guidé mes pas dans les jardins de ton palais ; là , favorisé par les ombres de la nuit, le ciel a permis
que j'entendisse les affreux complots qu'on tramait contre

tes jours ; j'ai employé pour te les faire connaître, le seul moyen qui était alors en mon pouvoir ; j'ai réussi ; Dieu a protégé mes desseins. Crois, Ibrahim, que cet instant est l'un des plus beaux de ma vie !

ADRIEN.

Je ne puis plus me taire, il faut augmenter encore la gloire dont tu viens de te couvrir : reconnaissez sous ces habits ma chère Félicie !...

TOUS, *excepté Isidore.*

Félicie !!..

ISIDORE, *au grand Maître.*

Seigneur...

ADRIEN.

Il n'est plus tems de feindre : deviens, à tous les yeux, l'orgueil de ton sexe et l'exemple du nôtre.

EDOUARD.

Quoi ! vous seriez...

ISIDORE.

Félicie de Richemont.

ALMAÏDE.

Qu'ai-je entendu ?

ISIDORE.

Edouard, Almaïde, en changeant de nom, je n'ai point changé de sentimens; rappelez-vous des promesses d'Isidore; soyez heureux, votre félicité fera la mienne ; et si j'ai pu vous servir, votre amitié sera le prix flatteur de mon zèle et de ma tendresse pour vous.

IBRAHIM.

Femme sublime ! ce dernier trait élève mon ame, et me prescrit le devoir sacré qui me reste à remplir : j'immolerai mon amitié au noble désir d'égaler ta générosité. Almaïde, sois chrétienne, j'y consens ; accompagne ton époux sur les rives de la France ; partez chargés de mes trésors, allez répandre vos bienfaits au milieu de votre illustre patrie. Grand Maître, donne-moi ta parole que tu viendras souvent me visiter avec eux ; que cet espoir consolateur me fasse supporter les regrets de l'absence ; tu vois quel est mon courage !... Pardonne aux pleurs qui coulent de mes yeux... Ibrahim ne craint pas de paraître sensible devant toi...

ALMAÏDE.

Nous reviendrons essuyer tes larmes !,..

EDOUARD.

Au premier signal nous volerons dans tes bras !...

ADRIEN.

Je te le jure sur l'honneur.

ISIDORE, *gaîment.*

Je serai du voyage.

IBRAHIM.

Je vous crois... Si je pouvais abandonner mon trône pour vous suivre... Mais , non ; je me dois à mon peuple , à la postérité qui juge les actions des Rois... Chevaliers , si j'ai pu mériter votre estime, apprenez aux Français qu'Ibrahim n'est point un barbare, et que sur les bords de l'Afrique , il se trouve des hommes qui peut-être ont quelques droits à partager leur gloire , en imitant leurs vertus.
(Il presse Edouard et Almaïde sur son sein ; tout le monde l'entoure. Le rideau tombe.)

FIN.

Costume historique des Chevaliers de Malte.

Une dalmatique rouge ponceau , avec la Croix de Malte en satin blanc , sur le cœur ; un manteau blanc dans le genre de celui des Templiers , avec la Croix en drap rouge ; pantalon blanc , bottes jaunes ; chapeau à la François I.er , panache blanc ; le glaive suspendu à une chaîne d'or.

Le Grand Maître porte l'ordre du St-Esprit.